Le gouvernement ouvert en Tunisie : La Marsa, Sayada et Sfax

Cet ouvrage est publié sous la responsabilité du Secrétaire général de l'OCDE. Les opinions et les interprétations exprimées ne reflètent pas nécessairement les vues officielles des pays membres de l'OCDE.

Ce document, ainsi que les données et cartes qu'il peut comprendre, sont sans préjudice du statut de tout territoire, de la souveraineté s'exerçant sur ce dernier, du tracé des frontières et limites internationales, et du nom de tout territoire, ville ou région.

Merci de citer cet ouvrage comme suit :
OCDE (2019), *Le gouvernement ouvert en Tunisie : La Marsa, Sayada et Sfax*, Examens de l'OCDE sur la gouvernance publique, Éditions OCDE, Paris, *https://doi.org/10.1787/9789264310902-fr*.

ISBN 978-92-64-31089-6 (imprimé)
ISBN 978-92-64-31090-2 (pdf)

Examens de l'OCDE sur la gouvernance publique
ISSN 2226-5953 (imprimé)
ISSN 2226-5961 (en ligne)

Les données statistiques concernant Israël sont fournies par et sous la responsabilité des autorités israéliennes compétentes. L'utilisation de ces données par l'OCDE est sans préjudice du statut des hauteurs du Golan, de Jérusalem-Est et des colonies de peuplement israéliennes en Cisjordanie aux termes du droit international.

Crédits photo : Couverture © conçue par Mohamad Sabra, basée sur des images disponibles sur Shutterstock (© Mashhour, © Efesenko @Habub M'henni).

Les corrigenda des publications de l'OCDE sont disponibles sur : *www.oecd.org/about/publishing/corrigenda.htm*.

Avant-propos

Depuis 2011, la Tunisie a réformé ses cadres légaux et politiques afin de donner davantage d'autonomie aux gouvernements locaux et de promouvoir un gouvernement ouvert et inclusif aux échelons national et local. Cette réforme fait jouer un rôle plus actif aux citoyens dans l'élaboration des politiques publiques, et requiert donc de profonds changements de la culture, des politiques et des pratiques en matière de gouvernance dans le pays. Certaines communes tunisiennes, ainsi que des citoyens, ont déjà pris dans ce cadre des initiatives innovantes en faveur du gouvernement ouvert et établi des partenariats avec la société civile.

Ce rapport, qui inventorie ces expériences, analyse les cadres légaux et institutionnels qui encadrent les politiques et pratiques du gouvernement ouvert à l'échelle locale, dans trois municipalités pilotes, La Marsa, Sayada et Sfax. Il évalue ces cadres et pratiques à l'aune des bonnes pratiques des pays de l'OCDE ainsi que de la Recommandation du Conseil de l'OCDE sur le Gouvernement ouvert. Ce rapport fait état des efforts entrepris par ces trois communes en vue de transformer leurs relations avec les citoyens et de faire des recommandations pour l'adoption d'une approche plus globale et mieux structurée du gouvernement ouvert.

Compte tenu du processus de transition en cours en Tunisie, ce rapport fait des propositions permettant au gouvernement central d'adopter des structures, des moyens et des procédures adéquats pour la mise en œuvre du gouvernement ouvert à l'échelle locale.

Ce rapport a été élaboré à la demande des autorités tunisiennes du gouvernement central et local. Il a pour vocation d'aider la Tunisie à concrétiser l'article 139 de la Constitution qui prévoit la démocratie participative et les principes de la gouvernance ouverte pour les collectivités locales.

L'OCDE, dans le cadre de son programme MENA-OCDE pour la Gouvernance, a accompagné la Tunisie dans ses efforts de conception et de mise en œuvre de politiques publiques promouvant la transparence, la participation des parties prenantes, l'intégrité et la redevabilité depuis 2012.

Nous espérons que les résultats de travail amèneront d'autres municipalités tunisiennes, mais aussi d'autres collectivités dans le monde, à déployer des initiatives du gouvernement ouvert.

Remerciements

Le secrétariat de l'OCDE tient à remercier tous ceux qui ont rendu la publication de ce rapport possible. Ces remerciements vont en premier lieu au gouvernement tunisien et en particulier à la Présidence du Gouvernement, au ministère des Affaires locales et de l'Environnement et aux communes de La Marsa, Sayada et Sfax, pour leur soutien constant lors des différents séminaires et missions d'examen par les pairs consacrés à ce projet. L'OCDE souhaiterait également remercier toutes autres parties prenantes – société civile et secteur privé – qui ont participé aux examens par les pairs.

L'OCDE aimerait également remercier les responsables publics qui ont agi en tant que pairs évaluateurs : Guy Grenier (Montréal, Canada), Fréderic Benhaim (Paris/Région Ile- de-France, France) et Paul-Henri Philips (Région de Bruxelles, Belgique).

Ce rapport a été préparé par la Direction de la Gouvernance Publique de l'OCDE, dirigée par Marcos Bonturi, dans le cadre du Programme MENA-OCDE pour la gouvernance. Il s'inscrit dans la démarche du projet « gouvernement ouvert », géré par la Division des Examens de la Gouvernance et des Partenariats, sous la responsabilité de Martin Forst. Le rapport a été élaboré sous la direction stratégique d'Alessandro Bellantoni, Chef de l'Unité de Gouvernement Ouvert. Le processus d'examen par les pairs et de rédaction a été dirigé par Katharina Zuegel, analyste en politiques publiques. Le rapport a été rédigé par Katharina Zuegel, avec le soutien et les contributions de Paqui Santonja, coordinatrice de projets et analyste en politiques publiques. Caroline Rolland-Diamond et Joelle Palmieri ont apporté leur soutien rédactionnel et Roxana Glavanov un appui éditorial. L'appui administratif a été assuré par Michelle Ortiz.

Le rapport a été mené dans le respect du mandat de promotion des réformes du Gouvernement Ouvert dans la région MENA, reçu par l'OCDE dans le cadre du Partenariat de Deauville du G7 avec les Pays arabes en transition. L'OCDE remercie le Middle East Partnership Initiative (MEPI) des États-Unis pour son appui financier.

Table des matières

Tableaux

Graphiques

Encadrés

Suivez les publications de l'OCDE sur :

 *http://twitter.com/OECD_Pubs*

 *http://www.facebook.com/OECDPublications*

 *http://www.linkedin.com/groups/OECD-Publications-4645871*

 *http://www.youtube.com/oecdilibrary*

 *http://www.oecd.org/oecddirect/*

Acronymes et abréviations

ARP	Assemblée des représentants du peuple
CPSCL	Caisse des Prêts et de Soutien des Collectivités locales
HAICA	Haute autorité indépendante de la communication audiovisuelle
PGO	Partenariat pour un Gouvernement Ouvert
PAI	Plan annuel d'investissement
PDUGL	Programme de Développement Urbain et de la Gouvernance Locale
PIC	Plan d'Investissement Communal

Résumé

Une occasion d'instaurer le gouvernement ouvert au niveau local

Depuis 2011, la Tunisie vit une transition et une évolution de son système politique qui ont amené à des réformes du cadre légal et des politiques publiques. Celles-ci visent à instaurer le gouvernement ouvert à travers une transparence, une participation et une redevabilité accrue. La participation de la Tunisie au Partenariat pour un Gouvernement Ouvert donne la preuve de cet engagement. La Constitution de 2014, qui consacre les principes d'un régime républicain démocratique et participatif tout autant que la libre administration, la démocratie participative et les principes de la gouvernance ouverte pour les collectivités locales, représente une occasion d'instaurer le gouvernement ouvert au niveau local. La décentralisation en cours est considérée comme allant de pair avec une gouvernance plus ouverte, plus participative et plus responsable. Les collectivités locales sont alors appelées à jouer un rôle plus important dans le développement local en pensant les politiques publiques au plus près des citoyens. Leurs rôle et légitimité ont encore augmenté depuis les élections locales du 6 mai 2018.

Le gouvernement ouvert au niveau local dans le contexte national

Depuis 2011, le gouvernement de transition s'est engagé à créer les conditions pour un changement culturel profond de la gouvernance, du rôle de l'État et des droits des citoyens Il s'agit d'établir un système de gouvernance plus transparent, plus ouvert et plus participatif. Ces réformes au niveau central, tel que l'adoption de la Constitution et d'une loi sur l'accès à l'information, la participation au Partenariat pour un Gouvernement Ouvert (PGO) ou encore le Programme de Développement Urbain et de la Gouvernance Locale (PDUGL) ont un fort impact sur le gouvernement ouvert des collectivités locales. Le deuxième Plan d'action développé dans le cadre du PGO met également l'accent sur le gouvernement ouvert au niveau local tandis que le PDUGL demande l'adoption d'une approche participative pour la préparation des plans annuels d'investissement. Une coordination entre les initiatives aux niveaux central et local est alors nécessaire afin de favoriser l'adoption de la gouvernance ouverte par les collectivités locales, en donnant à celles-ci les moyens de mettre en œuvre ces politiques, en conformité avec leurs autres initiatives.

Le gouvernement ouvert dans un contexte de décentralisation en cours

La décentralisation prévue par le Chapitre 7 de la Constitution de 2014 représente une réponse à l'absence de démocratie locale et à la capacité limitée des municipalités de développer leurs territoires. Elle consacre des notions telles que le pouvoir local, la décentralisation et la libre administration. Alors que la décentralisation vient d'être concrétisée par l'adoption le 26 avril 2018 du Code des collectivités locales, les communes sont encore régies par d'anciennes lois et ont été gérées par des délégations spéciales nommées jusqu'aux récentes élections locales de mai 2018. Confrontées aux attentes des citoyens, les communes sont désormais appelées à mettre en œuvre des approches innovantes des politiques publiques. En collaboration avec les citoyens et la société civile, et dans la continuité des pratiques de certaines communes tunisiennes, les gouvernements locaux pourraient identifier les pratiques du gouvernement ouvert adéquates tout en préparant l'adoption des principes mise en avant par le nouveau Code des collectivités locales.

Le gouvernement ouvert à La Marsa, Sayada et Sfax

Dans un contexte où les collectivités ont dû attendre les élections et la concrétisation de la décentralisation, plusieurs communes, dont La Marsa, Sayada et Sfax ont pris l'initiative de mettre en place une administration locale plus ouverte et axée sur les citoyens. La Marsa et Sfax figurent parmi les quelques communes à avoir adopté le budget participatif. Sayada, quant à elle, s'est engagée dans un partenariat avec la société civile afin de rendre la municipalité plus transparente. Ces initiatives ont aidé à créer un climat de confiance entre les communes, les citoyens et la société civile impliqués dans ce processus. Ces communes ont ainsi de quoi se féliciter de la manière dont elles ont instauré des pratiques de gouvernement ouvert.

Toutefois, des défis pour mettre en œuvre les principes du gouvernement ouvert au niveau local demeurent. Les cadres institutionnel, humain et financier doivent être adaptés à long terme afin de pouvoir répondre aux nouvelles exigences en matière de cadre légal et aux demandes des citoyens en faveur du développement local. La mise en œuvre de la loi sur l'accès à l'information requiert la formation. De plus, les initiatives de participation pourraient être élargies aux grands projets municipaux comme les plans d'aménagement urbain. Le Code des collectivités locales qui établit une multitude des mécanismes de transparence, de participation et de redevabilité et reconnaît l'importance des citoyens, de la société civile et des médias dans les affaires municipales pourrait servir à créer une vision et une stratégie du gouvernement ouvert des municipalités. Cela conforterait les efforts des municipalités tout autant que ceux de la société civile qui visent à rompre avec la culture d'une administration fermée et à établir de nouveaux mécanismes d'interaction.

Introduction

La révolution du 14 janvier 2011 a débuté dans les régions les plus défavorisées de la Tunisie. Elle a mis au premier plan les difficultés que les Tunisiens rencontrent selon leur zone d'origine et leur frustration relative au manque d'opportunités et de développement économique dans les régions intérieures (Comité des régions de l'Union européenne 2014). Sept ans plus tard, le développement des zones intérieures reste au cœur des revendications populaires et la mise en œuvre de la décentralisation prévue par la Constitution de 2014 est très attendue (OCDE, 2017a). Depuis 2011, les communes, des administrations traditionnellement proches des citoyens, se trouvent confrontées à des exigences et demandes croissantes de la population pour un meilleur développement socio-économique et pour l'instauration de la démocratie locale.

La Constitution de 2014 consacre les principes d'un régime républicain démocratique et participatif et confirme le renforcement des collectivités locales qui seront gérées selon le principe de la libre administration. Elle prescrit également que les collectivités locales sont tenues de fonctionner selon les principes de la gouvernance ouverte (Article 139) et devront alors mettre en place de manière systématique des politiques du gouvernement ouvert. Par conséquent, elle offre aux communes, d'une part, les conditions nécessaires à un rôle plus important dans le développement local et aux citoyens, d'autre part, un rôle accru dans ce même développement. Depuis 2011, les communes ont essayé de répondre à ces attentes en instaurant de nouvelles pratiques d'interaction avec la population. Les citoyens et la société civile organisée ont, quant à eux, revendiqué leur nouvelle liberté civique et politique en demandant davantage de transparence et de participation, tout en proposant aux communes des pratiques de gouvernement ouvert. Cet engagement des communes et de leurs populations a conduit à l'émergence, toutefois sporadique, de pratiques et d'initiatives de gouvernement ouvert au niveau local.

La Tunisie connaît actuellement une transition et une évolution de son système politique : le pays est en voie de passer d'un régime, caractérisé par un État unitaire où l'État central gardait le pouvoir sur les collectivités locales et où ces dernières n'avaient presque aucune compétence, à une plus grande autonomie des communes, à la promotion de la démocratie locale et à un rapprochement des citoyens, de l'administration et de ses services publics. Ce rapport s'inscrit dans le cadre de cette évolution et vise à dresser un état de lieux du gouvernement ouvert au niveau local en Tunisie. L'équipe chargée du gouvernement ouvert tunisien, en collaboration avec le ministère des Affaires locales et de l'Environnement, ont choisi pour une étude pilote les communes – La Marsa, Sayada et Sfax – parce qu'elles ont adopté des mécanismes de transparence et de participation citoyenne. L'étude a pour but de diffuser les bonnes pratiques et d'établir des recommandations qui permettront de mettre en œuvre les provisions constitutionnelles et de créer des conditions pour un développement social et économique inclusif et durable des communes. Le rapport a été rédigé pendant un moment de transition[1] et évalue par voie de conséquence une situation exceptionnelle qui devrait changer suite à l'adoption du code des collectivités locales et à l'issue des premières élections locales du 6 mai 2018. Les expériences de ces sept dernières années en matière de gouvernement ouvert en Tunisie constituent cependant la base du rapport et les leçons tirées de ces expériences pourront inspirer la voie à suivre pour des communes plus transparentes, inclusives et ouvertes.

Une occasion d'instaurer le gouvernement ouvert au niveau local

Le contexte actuel offre l'opportunité de favoriser une nouvelle culture de la gouvernance ouverte au niveau local, fondée sur la proximité et le dialogue permanent un meilleur développement local conçu et construit au plus près des populations (OCDE, 2017a). La décentralisation en cours est considérée comme allant de pair avec une gouvernance plus ouverte, plus participative et plus responsable, car elle met l'accent sur la démocratie locale et le développement de politiques publiques plus proches des citoyens.

Plusieurs textes juridiques présentant des éléments propices au gouvernement ouvert ont été adoptés. De fait, le cadre légal oblige les communes à adopter les principes et mécanismes du gouvernement ouvert. L'article 139 de la Constitution stipule ainsi que « les collectivités locales adoptent les mécanismes de la démocratie participative et les principes de la gouvernance ouverte afin de garantir la plus large participation des citoyens et de la société civile à la préparation de projets de développement et d'aménagement du territoire et le suivi de leur exécution, conformément à la loi. » Le code des collectivités locales reprend ce choix en consacrant tout un chapitre (Chapitre 5) à la démocratie participative et à la gouvernance ouverte et en créant de nouvelles commissions au sein du conseil municipal sur la démocratie participative et la gouvernance ouverte d'une part et sur les médias, la communication et l'évaluation d'autre part (Article 210). Par ailleurs, plusieurs réformes du cadre juridique et politique national instaurent des obligations et mécanismes de gouvernement ouvert. Parmi ces réformes, on peut citer la loi organique n° 2016-22 du 24 mars 2016 relative au droit d'accès à l'information qui s'applique également aux collectivités locales (Art. 2), le Programme de développement urbain et de la gouvernance locale (PDUGL) dont l'objectif est de mettre en œuvre les dispositions constitutionnelles liées à la décentralisation, l'adoption des mécanismes de la démocratie participative et le principe de libre administration des communes (présenté de manière détaillée ci-dessous) et l'engagement numéro 4 sur la transparence et le gouvernement ouvert au niveau local du deuxième Plan d'action national de la Tunisie pour le partenariat pour un gouvernement ouvert.

Les communes dont les compétences seront renforcées par la réforme en cours et dont la légitimité est accrue depuis les élections du mai 2018 devraient représenter un moteur dans le développement local. Elles sont appelées à concevoir et à mettre en œuvre des mécanismes de démocratie participative et de gouvernance ouverte qui permettront de mieux répondre à ces exigences.

Références

OECD (2017a), Un meilleur contrôle pour une meilleure gouvernance locale en Tunisie : Le contrôle des finances publiques au niveau local, Examens de l'OCDE sur la gouvernance publique, Éditions OCDE, Paris, http://dx.doi.org/10.1787/9789264265967-fr.

Notes

[1] Les entretiens avec les trois municipalités se sont tenus en février et mars 2017 et l'élaboration du rapport se base sur la collecte de données allant jusqu'à mai 2018

Chapitre 1. Les initiatives nationales pour un gouvernement ouvert local

Ce chapitre situe le gouvernement ouvert au niveau local en Tunisie dans un contexte de réformes entreprises par le gouvernement central. Il analyse les réformes du gouvernement ouvert au niveau central et leur impact sur les collectivités locales, en même temps qu'il évalue l'implication des collectivités locales dans ces réformes et celles des structures qui les gèrent.

Le gouvernement ouvert au niveau local selon l'OCDE

Les administrations locales sont la base de l'État, l'interface où les citoyens entrent en contact avec les politiques publiques. « La proximité entre les citoyens et l'État y stimule l'implication des premiers autant qu'elle détermine la manière dont ils perçoivent le gouvernement. Il n'est donc pas surprenant que les villes, les régions ou les provinces aient été les sites privilégiés de l'implication des citoyens au cours des dernières décennies. Le souhait d'un engagement accru des citoyens dans la planification urbaine dans le monde entier remonte en effet aux années 1960-1970. Cette implication dans la détermination des politiques publiques a augmenté en même temps que les efforts de décentralisation engagés par de nombreux pays à partir des années 1970 ; elle a pris la forme d'un transfert d'autorité, de responsabilité et de ressources du gouvernement national aux niveaux inférieurs de l'administration, afin de mieux répondre aux besoins et aux attentes des citoyens » (OCDE, 2017b).

Les administrations locales restent, jusqu'à aujourd'hui, au cœur des initiatives pour une gouvernance plus transparente, plus ouverte, plus participative et plus responsable. De fait, on peut observer une vague de nouvelles initiatives municipales – grâce notamment aux possibilités qu'offrent les technologies de l'information et de la communication – d'engagement citoyen et de transparence. Le contact direct entre la commune et ses citoyens reste ainsi un moyen important d'inclusion et de dialogue et un facteur-clé qui distingue les initiatives du gouvernement ouvert au niveau local de celles au niveau national. De plus, la pertinence, la proximité et l'impact des enjeux municipaux sur la vie quotidienne des citoyens – par exemple les besoins en matière de transport communal ou d'aménagement des espaces – changent les modes de participation et peuvent en général rendre la participation du public plus facile.

Selon l'OCDE « le Gouvernement ouvert est une culture de gouvernance qui promeut les principes de transparence, d'intégrité, de redevabilité et de participation des parties prenantes, au service de la démocratie et de la croissance inclusive » (OCDE, 2017c). Pour parvenir à un gouvernement ouvert, les administrations nationales et locales doivent adopter une nouvelle culture de gouvernance, ce qui requiert à la fois une forte volonté politique, une approche cohérente et transversale, des ressources humaines et financières et des institutions et pratiques adaptées. Les objectifs qui poussent les pays à l'adoption d'initiatives de gouvernement ouvert sont multiples (voir Graphique 1.1) (OCDE, 2017b).

Grâce au Partenariat pour un gouvernement ouvert (PGO), un mouvement de promotion du gouvernement ouvert ciblant les administrations nationales s'est développé dans le monde entier. Aujourd'hui, plus de 70 pays, dont la Tunisie, se sont d'ores-et-déjà engagés à développer un gouvernement ouvert. La participation des administrations locales à cette dynamique reste cependant faible. Sur les 12 pays de l'OCDE ayant mis en place un mécanisme de coordination pour promouvoir le gouvernement ouvert, à peine plus de 40% incluent des représentants du gouvernement local dans ce mécanisme (OCDE, 2017b).

Graphique 1.1. Objectifs des stratégies nationales de gouvernement ouvert

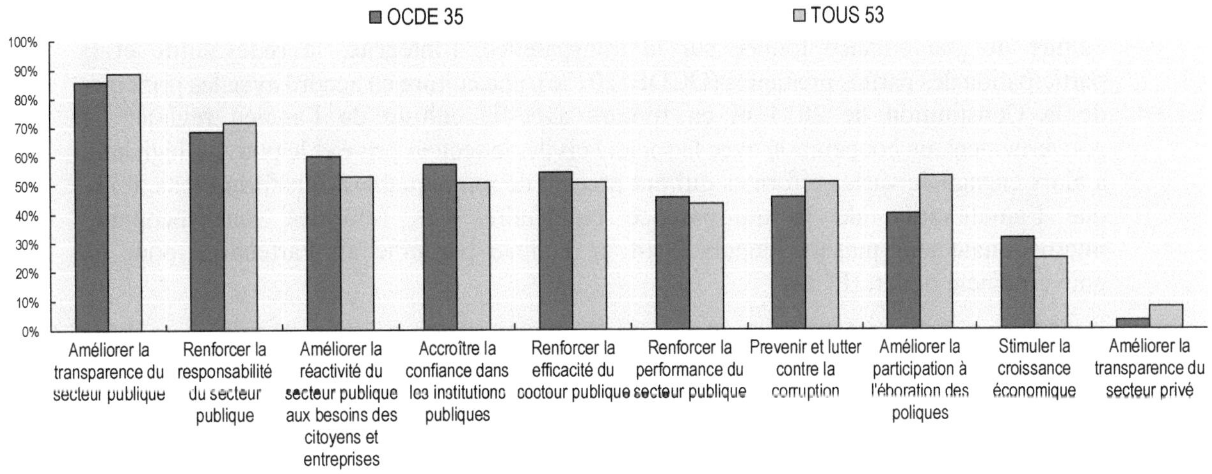

Source : OCDE, 2017b.

En Tunisie, le gouvernement local ne fait pas non plus partie du Comité de pilotage créé au niveau national pour mettre en place la politique de gouvernement ouvert du pays. Toutefois, les administrations locales sont bien placées pour interagir avec les citoyens et pour connaître leurs besoins. Un gouvernement ouvert au niveau local permettra de rapprocher les autorités publiques des citoyens, de concevoir des politiques mieux adaptées aux besoins des communautés locales et, par ce biais, de contribuer à atteindre plus efficacement les objectifs politiques sur l'ensemble du territoire. De ce point de vue, il est essentiel que les administrations locales soient au cœur des initiatives pour un gouvernement ouvert, un fondement que la Constitution tunisienne reconnaît dans son Article 139. En outre, l'inclusion des administrations locales dans le programme de gouvernement ouvert permettra aux pays de se rapprocher de ce que l'OCDE définit comme un État ouvert. Selon la Recommandation de l'OCDE, un État ouvert est une «situation dans laquelle les pouvoirs exécutif, législatif et judiciaire, les institutions publiques indépendantes ainsi que l'ensemble des niveaux d'administration collaborent, exploitent leurs synergies et partagent entre eux et avec d'autres parties prenantes leurs bonnes pratiques et les enseignements tirés de leur expérience afin de promouvoir la transparence, l'intégrité, la redevabilité et la participation des parties prenantes, au service de la démocratie et de la croissance inclusive ».

Le mouvement pour un gouvernement ouvert en Tunisie

La transparence, la participation, la reddition de comptes et la lutte contre la corruption étaient au cœur des revendications de 2011. Dès le début de son mandat, le gouvernement de transition s'est engagé à créer les conditions d'un changement culturel profond de la gouvernance, du rôle de l'État et des droits des citoyens et à établir un système de gouvernance plus transparent, plus ouvert et plus participatif (OCDE, 2016). L'adoption d'un décret-loi sur l'accès aux documents administratifs et d'un décret-loi sur les associations en 2011, la libéralisation des médias et le nouveau code de la presse n'en sont que quelques exemples. En parallèle, la société civile n'a jamais cessé de revendiquer et de lutter pour ses droits et libertés civiques, en particulier lorsque des considérations et défis de sécurité ont prévalu[1].

Pour relever le défi consistant à regagner la confiance des citoyens dans le but de les faire contribuer et participer au processus décisionnel, le gouvernement ouvert est apparu comme un moyen prometteur. Le concept de gouvernement ouvert propose en effet une culture de gouvernance fondée sur la transparence, l'intégrité, la redevabilité et la participation des parties prenantes (OCDE, 2017c), une culture en accord avec les principes de la Constitution de 2014 et en rupture avec la culture de l'ancien régime. Le gouvernement, en coopération avec la société civile, le secteur privé et le pouvoir législatif, a alors engagé de vastes réformes qui ont produit de remarquables transformations, telles que l'amélioration de la transparence budgétaire. Ces réformes sont reconnues internationalement puisque depuis 2014 la Tunisie participe au Partenariat pour un gouvernement ouvert (PGO).

Avec le soutien de l'OCDE, la Tunisie a lancé en 2012 un processus de dialogue au sein de l'administration publique ainsi qu'avec la société civile en vue de promouvoir les principes du gouvernement ouvert et de participer au PGO[2]. Actuellement, une commission consultative mixte, comprenant des représentants des différents ministères et de la société civile, est chargée de l'élaboration, de la mise en œuvre et du suivi des plans d'actions nationaux biannuels regroupant les initiatives prioritaires de la Tunisie pour le gouvernement ouvert. Ces plans représentent une exigence à satisfaire pour participer au PGO qui demande également une évaluation indépendante des plans d'action, ainsi qu'une approche participative de leur élaboration (OCDE, 2016). Au moment de la rédaction de ce rapport, la Tunisie met en œuvre son deuxième plan d'action 2016-2018[3]. Cette démarche a favorisé l'adoption d'une culture du dialogue ouvert, fondée sur la confiance entre l'administration publique et la société civile impliquée dans le processus PGO – ce qui représente d'ores-et-déjà une bonne pratique et peut inspirer d'autres initiatives en matière de gouvernement ouvert. De plus, la participation au PGO a permis une diffusion de la culture et des principes du gouvernement ouvert au sein d'une partie de l'administration publique, moteur des réformes.

Le mouvement pour un gouvernement ouvert va aussi au-delà du processus PGO. Selon des informations recueillies auprès de la société civile, des réflexions sont en cours au sein du Parlement, en concertation avec la société civile, dans le but d'introduire les principes du gouvernement ouvert dans le travail et le fonctionnement du Parlement. Plusieurs communes – en plus de La Marsa, Sayada et Sfax – ont également développé des initiatives en matière de gouvernement ouvert. Ces expériences comprennent des activités visant à encourager le dialogue entre la société et le gouvernement. On compte des tables rondes à Kasserine et à Sidi Bouzid qui permettent une discussion tripartite réunissant autorités locales, représentants du secteur privé et représentants du secteur associatif ou encore des initiatives ciblant une meilleure prise en compte des priorités des citoyens grâce au budget participatif à Gabès (GIZ, 2014).

Le gouvernement ouvert en Tunisie se développe aussi grâce à une société civile active et experte dans les questions de transparence, de participation citoyenne et de reddition des comptes. Parmi les initiatives, le projet Marsad d'observatoire du Parlement, lancé par l'association Al Bawsala, est parvenu à instaurer la transparence de l'activité du Parlement et de ses membres ; l'association IWatch encourage une culture d'intégrité essentiellement parmi les jeunes et soutient les lanceurs d'alerte ; YouthDecides entend favoriser la participation des jeunes au débat public. Toutefois, la plupart des organisations œuvrant dans ce domaine sont basées à Tunis et ne représentent qu'une petite partie du tissu associatif. Ces associations ont néanmoins joué et jouent encore un rôle déterminant dans la consolidation et la mise en œuvre d'un système de gouvernance fondé sur la transparence, l'intégrité, la redevabilité et la participation des parties prenantes. (Pour une discussion complète des initiatives de gouvernement ouvert au niveau national et des recommandations, voir Encadré 1.1 et OCDE, 2016, Gouvernement ouvert en Tunisie).

Malgré des progrès considérables – l'adoption de nouvelles lois, de nouveaux mécanismes de participation et de transparence – la Tunisie est encore confrontée à des défis importants pour faire des principes et pratiques du gouvernement ouvert la norme au sein de l'administration et de la société tunisienne. Ce rapport met l'accent sur les opportunités et les défis au niveau local et plus particulièrement dans les communes de La Marsa, Sayada et Sfax.

Encadré 1.1. Extrait : Recommandations de l'examen sur le gouvernement ouvert en Tunisie

Organiser la réforme en vue d'un gouvernement ouvert au niveau du centre du gouvernement

- Fournir une direction et une coordination de haut niveau.

- Instituer les structures de travail courantes pour la mise en œuvre.

- Développer une stratégie pour chacun des domaines d'action, prévoyant les ressources requises pour la mise en œuvre et la mesure de performance.

- Étendre le gouvernement ouvert au niveau local.

- Évaluer régulièrement les progrès réalisés, avec la participation des acteurs concernés.

L'implication des citoyens

- Créer un comité de pilotage officiel pour mettre en œuvre la politique d'accès à l'information et pour garantir l'application des normes.

- Faire pleinement respecter les libertés de la presse et des médias.

- Formuler et institutionnaliser une approche tunisienne de l'engagement citoyen.

- Promouvoir la formation de réseaux de la société civile pour organiser et élargir l'implication.

- Renforcer la capacité du gouvernement à donner suite aux initiatives citoyennes.

La transparence du processus budgétaire

- Améliorer la diffusion de l'information budgétaire en publiant les rapports requis par les lignes directrices de l'OCDE dans les délais utiles.

- Préparer et fournir une large gamme d'éléments de contexte et d'analyse pour compléter le budget et orienter le débat.

- Renforcer la capacité de l'Assemblée à examiner le budget, participer pleinement aux discussions budgétaires et analyser la performance du budget.

- Renforcer la capacité de contrôle du gouvernement.

- Définir un plan d'action budgétaire détaillé qui intègre ces mesures.

L'intégrité et la lutte contre la corruption

- Une mise en œuvre complète du code de conduite pour les employés de l'administration.

- La réforme du système de déclaration de patrimoine pour renforcer son efficacité.

- Une mise en œuvre complète du système des marchés publics en ligne TUNEPS.

- Une mise en œuvre complète du système de protection des lanceurs d'alerte.

- L'allocation des ressources adéquates aux fonctions de contrôle et d'évaluation de la performance.

Les technologies de l'information et de la communication (TIC)

- Renforcer les ressources financières et humaines affectées aux TIC.

- Développer un plan national global d'appui des TIC au gouvernement ouvert.

- Examiner les opportunités de renforcement et de simplification des sites Internet existants.

- Développer d'autres mécanismes de gouvernement ouvert et des stratégies de communication permettant d'atteindre les citoyens qui n'ont pas accès aux services en ligne.

- Développer l'usage des réseaux sociaux numériques pour communiquer avec les citoyens, notamment via la création d'applications pour téléphones.

Source : OCDE, 2016

Les initiatives du gouvernement national en matière de gouvernement ouvert et leur impact sur les communes

Le gouvernement national tunisien s'est engagé pour un gouvernement ouvert en consacrant ces principes dans le cadre juridique et en démontrant cet engagement au niveau international par la participation du pays au PGO. Dans ce cadre, le gouvernement a lancé une multitude de réformes qui visent à promouvoir la transparence, la participation et la responsabilité. Ces réformes incluent les engagements pris dans le cadre des plans d'action du gouvernement ouvert mais aussi au-delà, par exemple en termes de transparence financière, de données ouvertes (à travers un portail national) ou de lutte contre la corruption (adoption d'un Code de Conduite pour les fonctionnaires). Plusieurs de ces engagements ont un impact pour le gouvernement ouvert au niveau local. Plus encore, reconnaissant l'importance d'avoir des collectivités locales plus ouvertes et plus proches des citoyens, le gouvernement a pris lui aussi des engagements plus concrets pour encourager le gouvernement ouvert au niveau local, par le biais du 2e plan d'action pour le gouvernement ouvert qui stipule que :

- Le ministère des Affaires locales et de l'Environnement s'est engagé à développer un guide pratique qui explique les principes en matière de gouvernement ouvert et à mettre en œuvre des plateformes de données ouvertes au niveau municipal.

- Le ministère de la Jeunesse et des Sports s'est engagé à mettre en œuvre des conseils consultatifs de la jeunesse au niveau local.

Ces engagements constituent un premier pas vers le contournement des difficultés rencontrées en matière de participation au niveau local des citoyens, et en particulier des jeunes. Leur mise en œuvre efficace et adéquate pourrait permettre de combler plusieurs lacunes et de relever plusieurs défis en matière de gouvernement ouvert au niveau local, notamment au niveau des communes, en termes d'expertise sur la participation des jeunes et sur la transparence. Cependant, dans le but de mieux cibler le programme national de gouvernement ouvert de la Tunisie et d'en faire un moteur de développement pour le pays entier, il conviendrait d'envisager des structures d'implication des administrations locales dans les projets nationaux, à l'instar du Comité de Pilotage pour le gouvernement ouvert ou des initiatives pour les données ouvertes.

De plus, le Programme de développement urbain et de gouvernance locale (PDUGL) lancé en 2015, mentionné ci-dessous, a un impact direct sur le gouvernement ouvert au niveau local puisqu'il fait de ce dernier une condition pour l'octroi de subventions aux collectivités locales. Le PDUGL est un programme d'un montant de 1 220 millions de dinars (environ 418 millions d'euros) soutenu en partie par un prêt de la Banque mondiale d'une durée de 60 mois qui vise à mettre en œuvre les principes de la décentralisation prévue par la Constitution.

Un nouveau système de transfert de subventions aux communes a été élaboré sur la base de la transparence, de l'évaluation de la performance et du respect des conditions minimales obligatoires. Les communes sont tenues de préparer et d'adopter un plan d'investissement communal (PIC) pour les cinq années à venir. Les principes à respecter dans la préparation du PIC incluent, selon la circulaire du 14 août 2013 du ministère de l'Intérieur, l'adoption d'une approche participative, la transparence et la bonne gouvernance locale, ainsi que l'efficacité et l'efficience dans l'utilisation des ressources de la collectivité. Une approche participative est également requise pour la préparation du Plan Annuel d'Investissement (PAI). L'organe d'exécution du programme est la Caisse des prêts et de soutien aux collectivités locales (CPSCL). Un calendrier très précis ainsi qu'un guide de la consultation publique de la CPSCL prescrivent en détail les étapes à suivre par les communes pour l'élaboration de leurs PAI/PIC, lesquelles comprennent entre autres une réunion publique annuelle pour informer sur les activités de la commune et pour permettre aux citoyens de donner leurs avis sur le PAI/PIC.

Les communes ont été tenues de préparer leur premier PAI en 2016. Si l'introduction d'une approche participative dans toutes les communes à travers le PAI/PIC est une réforme méritoire pour la promotion du gouvernement ouvert, le PAI est intervenu à un moment où plusieurs communes avaient déjà expérimenté et développé de manière autonome des approches participatives, dont le budget participatif. Or, dans son dispositif actuel, le mécanisme du PAI ne prend pas en compte ces mécanismes, ce qui a créé de la confusion et généré des mécanismes parallèles dans les communes ayant adopté le budget participatif (voir la discussion détaillée de ce point ci-dessous).

Graphique 1.2. Implication du public dans le cadre du PDUGL

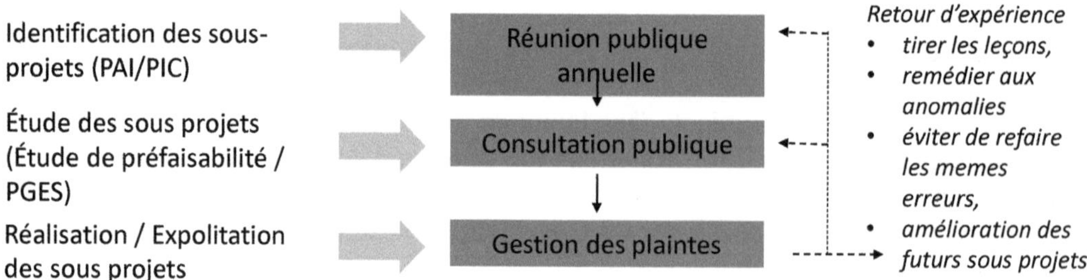

Source : CPSCL, 2015.

De plus, afin d'instaurer la transparence, le ministère des Affaires locales et de l'Environnement a lancé, dans le cadre du PDUGL, un portail des collectivités locales (www. collectiviteslocales.gov.tn). L'objectif du portail est « d'enraciner les concepts de transparence, de la bonne gouvernance et de la participation dans les collectivités »[4]. Le portail inclut des données financières (budget) et de performance (gouvernance, gestion, pérennité) pour chaque commune, y compris en format données ouvertes. En outre, il contient des informations liées au PDUGL, au cadre juridique et règlementaire. Un espace d'e-réclamation permet aux citoyens de déposer leurs réclamations.

Afin de renforcer et d'améliorer les programmes nationaux, tels que le PDUGL, qui envisagent d'instaurer le gouvernement ouvert au niveau local, il s'avèrerait très utile d'impliquer davantage les administrations locales et de s'inspirer des processus et mécanismes développés au niveau local. Une meilleure implication des administrations locales, par le biais par exemple des institutions représentatives (le futur Conseil supérieur des collectivités locales ainsi que la Fédération nationale des villes tunisiennes), permettra de mieux adapter les programmes aux besoins et réalités locaux et encouragera l'adhésion politique des acteurs locaux. Plusieurs pays de l'OCDE ont développé des mécanismes d'implication des gouvernements infranationaux (voir Encadré 1.2).

Encadré 1.2. Consultation des gouvernements infranationaux en matière de gouvernement ouvert : le cas de l'Espagne et du Pérou

En Espagne, les consultations se faisaient initialement à travers la Commission nationale des administrations locales (CNAL), organe permanent de collaboration entre le gouvernement central et les collectivités locales. Avec l'adoption du 3e Plan d'Action du PGO, la Commission sectorielle sur le gouvernement ouvert a été créée le 6 mars 2017 et est composée du gouvernement central, des Communautés Autonomes ainsi que de la Fédération espagnole des villes et provinces (FEMP). Il s'agit d'un organe de coopération inter-administrations et d'un espace d'échange d'informations des trois niveaux de gouvernement.

Au Pérou, les trois niveaux de gouvernement, à savoir les ministères, les administrations régionales et les municipalités, ont été impliqués dans l'élaboration du plan d'action pour le gouvernement ouvert 2015-2016. Le ministère de la Gestion publique leur a demandé de proposer des engagements pour le plan d'action. En outre, des ateliers de participation ont été organisés dans les départements d'Ayacucho, Piura, San Martín et Lima dans le but

---

> d'identifier les propositions d'engagements, intégrant ainsi la vision des régions et des municipalités.
>
> Sources : OCDE, 2017d ; Spanish Ministry of Finance and Civil Service (Ministerio de Hacienda y Función Pública)http://transparencia.gob.es/transparencia/transparencia_Home/index/GobiernoParticipacion/Gobierno-abierto/IIIPlan.html;
> http://transparencia.gob.es/transparencia/dam/jcr:cfc2ac4b-a5bb-4fc2-857d- 4fbf61864122/2017_07_26_SPA-ENG_III_Plan_OGP_vf-1.pdf.

Références

CPSCL (2015), Guide sur la consultation publique pour les collectivités locales, http://www.collectiviteslocales.gov.tn/wp-content/uploads/2015/06/GUIDE-de-la-consultation-publique.pdf (consulté le 29 Janvier 2018).

GIZ (2014), La démocratie locale et la participation des citoyens à l'action municipale: Tunisie.

Ministère des Affaires Locales et de l'Environnement (2017), Portail des Collectivités Locales en Tunisie, http://www.collectiviteslocales.gov.tn/ (consulté le 29 Janvier 2018).

OCDE (2017a), Recommandation du Conseil de l'OCDE sur le Gouvernement Ouvert http://acts.oecd.org (consulté le 29 Janvier 2018).

OCDE (2017b), Towards a New Partnership with Citizens - Jordan's Decentralisation Reform, Éditions OCDE.

OCDE (2016a) Gouvernement ouvert: Contexte mondial et perspectives, Éditions OCDE, Paris, https://dx.doi.org/10.1787/9789264280984-fr

OCDE (2016b) Le gouvernement ouvert en Tunisie, Éditions OCDE, Paris, https://dx.doi.org/10.1787/9789264227170-fr

Notes

[1] On peut ainsi citer l'engagement de la société civile pour l'adoption d'une loi relative au droit d'accès à l'information en accord avec les standards internationaux ou encore la protestation des citoyens contre une nouvelle loi sur la sécurité qu'ils voient comme une atteinte à la liberté d'expression (www.hrw.org/fr/news/2015/05/13/tunisie-retirer-ou-amender-la-loi-sur-la-securite).

[2] Pour plus de détails, voir OCDE, Gouvernement Ouvert en Tunisie (2016).

[3] Pour plus d'informations sur le processus en Tunisie : www.ogptunisie.gov.tn/

[4] Présentation du portail

Chapitre 2. Le gouvernement ouvert et la décentralisation

Ce chapitre expose les grandes lignes de la décentralisation prévue et analyse l'impact de cette transition sur le fonctionnement et le gouvernement ouvert des collectivités locales. L'expérience des pays de l'OCDE permet de formuler des recommandations afin de créer un cadre favorable pour assurer que la décentralisation et le gouvernement ouvert permettent un meilleur développement local.

L'organisation territoriale et le rôle des collectivités locales en Tunisie

La Tunisie est un État unitaire dont le caractère très centralisé date des époques précoloniale et coloniale, un choix qui a été conservé après l'indépendance. La Constitution de 1959 ne consacre qu'un article (article 71 du chapitre VIII) aux collectivités locales qui stipule que « les conseils municipaux, les conseils régionaux et les structures auxquelles la loi confère la qualité de collectivité locale gèrent les affaires locales dans les conditions prévues par la loi ». L'organisation territoriale était alors fondée sur une logique de déconcentration, avec un découpage du territoire en gouvernorats, en délégations et en secteurs, et une logique de décentralisation avec des conseils régionaux, des communes, des arrondissements et des territoires non érigés en communes (Turki and Verdeil, 2015) (voir Graphique 2.1).

Les communes (municipalités) sont gouvernées par un maire élu lors d'élections municipales. Quand la logique de la déconcentration (voir Encadré 2.1) prévalait, on constatait une absence de vraie démocratie locale (Comité des régions de l'UE, 2014). Les prérogatives et compétences de l'autorité municipale étaient limitées et réduites et le travail des communes était encadré par les gouverneurs, les directions régionales des départements ministériels et les agences nationales (OCDE, 2017a). Ces limites, qui s'ajoutaient à un manque de moyens et de compétences, avaient pour effet que les communes n'étaient pas capables de développer de véritables politiques publiques dans des domaines-clés tels que l'urbanisme ou l'aménagement du territoire. Cela inhibait leur habilité à planifier l'évolution de leurs communes, à promouvoir des projets de développement ou à avoir la possibilité de fournir des services publics de qualité. De plus, la manière dont les élections se déroulaient avec la domination du parti au pouvoir contribuait à une faible représentativité des conseils municipaux. Enfin, l'absence de communication entre la commune et les citoyens ne permettait pas d'établir de bonnes relations entre les citoyens et la commune. En conséquence, aujourd'hui encore, les communes sont confrontées à un refus de paiement des impôts locaux et au non-respect par la population des règlementations urbaines et environnementales (Turki et Verdeil, 2015).

Encadré 2.1. Déconcentration et décentralisation

Décentralisation: « La décentralisation consiste dans le transfert de compétences de l'État vers des institutions distinctes de lui, parfois appelées collectivités locales. Ces dernières jouissent de l'autonomie de décision et de finances propres, de manière plus ou moins étendue selon les pays » (OCDE, 2017a). On peut distinguer les décentralisations politique (transfert des pouvoirs politiques), fiscale/budgétaire (réallocation des ressources financières) et administrative (transfert des pouvoirs de prise de décisions et de responsabilité en ce qui concerne la prestation des services publics) (OCDE, 2017d).

Déconcentration: « La déconcentration administrative consiste en la délégation des attributions de l'État à des agents ou des organismes locaux qui restent soumis à l'autorité de l'État et ne jouissent que d'une autonomie limitée » (OCDE, 2017d).

La décentralisation (voir Encadré 2.1) prévue par le Chapitre 7 de la Constitution de 2014 représente une réponse à cette absence de démocratie locale et à la capacité limitée des municipalités de développer leurs communes. Pour y remédier, la Tunisie a fait le choix de consacrer dans sa Constitution des notions telles que le pouvoir local, la décentralisation, les intérêts locaux, la libre administration, l'autonomie financière et administrative, le principe de subsidiarité, l'élection des conseils et l'autonomie des compétences (Comité des régions de l'UE, 2014) (OCDE, 2017a). La Constitution prévoit trois catégories de collectivités locales, notamment les communes, les régions et les districts. Par cela, elle crée une nouvelle organisation territoriale en ajoutant les districts (voir Graphique 2.1). Le district (iklim) comprend plus d'un gouvernorat et est géré par un conseil de district élu par les membres des collectivités locales. Le découpage des districts n'est cependant pas encore décidé (Comité des régions de l'UE, 2014). En outre, les municipalités ont vu une évolution avec la création de 25 nouvelles municipalités en 2015 et 61 nouvelles municipalités en 2016, portant le nombre de municipalités de 264 à 350. Faisant suite à une disposition constitutionnelle, le décret gouvernemental n° 2016-602 daté du 26 mai 2016 complète la couverture intégrale du territoire tunisien en matière d'administration municipale, alors qu'auparavant, environ 3,5 millions de Tunisiens, surtout dans les zones rurales, vivaient sans tutelle municipale. Cependant, le découpage des gouvernorats et des délégations n'a pas été affecté par ces changements (Drugeon, 2016).

Graphique 2.1. Organisation territoriale en Tunisie avant la nouvelle Constitution et en 2016

Avant 2011 et depuis 2016

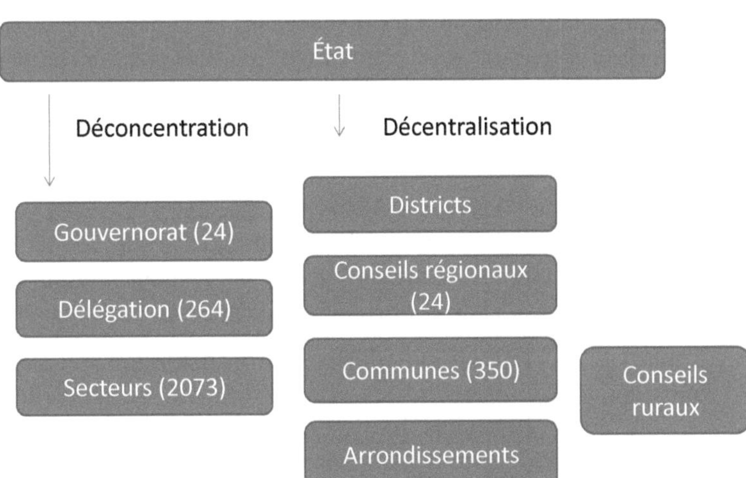

Source : Turki et Verdeil, 2015 et auteur.

Les communes ont été gérées par des délégations spéciales jusqu'aux élections de mai 2018. Les conseils municipaux ont été dissous après la révolution de 2011 et remplacés par des délégations spéciales, nommées conformément à la loi organique des communes[1]. Bien que ces délégations spéciales aient initialement été nommées pour une année, elles sont encore en place –quelques communes ont vu la nomination de nouvelles délégations – et ont travaillé pendant plus de sept ans dans l'attente des élections municipales.

Les progrès du processus de décentralisation

La Tunisie se trouve actuellement dans une phase de transition avec, d'une part, une nouvelle Constitution qui établit les principes du pouvoir local et, d'autre part, des collectivités locales qui fonctionnent encore en vertu des anciennes lois élaborées sous le régime de Ben Ali en attendant la mise en œuvre effective du code des collectivités locales récemment approuvé.

Le chapitre VII de la Constitution de 2014 décline les principes du pouvoir local. Il prévoit, entre autres, que :

- Le pouvoir local est fondé sur la décentralisation (Article 131).

- Les collectivités locales sont dotées de la personnalité juridique, de l'autonomie administrative et financière. Elles gèrent les intérêts locaux conformément au principe de la libre administration (Article 132).

- Les collectivités locales disposent de compétences propres, de compétences partagées avec l'Autorité centrale et de compétences déléguées par cette dernière. Les compétences partagées et les compétences déléguées sont réparties conformément au principe de subsidiarité. Les collectivités locales disposent d'un pouvoir réglementaire dans l'exercice de leurs compétences ; leurs actes règlementaires sont publiés dans un journal officiel des collectivités locales (Article 134).

- Les collectivités locales disposent de ressources propres et de ressources déléguées par l'autorité centrale. Ces ressources doivent correspondre aux attributions qui leur sont dévolues par la loi (Article 135).

- Les collectivités locales adoptent les mécanismes de la démocratie participative et les principes de la gouvernance ouverte afin de garantir une plus large participation des citoyens et de la société civile à l'élaboration des projets de développement et d'aménagement du territoire et au suivi de leur exécution, conformément à la loi (Article 139).

- Les collectivités locales peuvent coopérer et créer entre elles des partenariats, en vue de mettre en œuvre des programmes ou de réaliser des actions d'intérêt commun. Les collectivités locales peuvent également établir des relations extérieures de partenariat et de coopération décentralisée (Article 140).

Le Chapitre VII marque une rupture avec l'ancienne Constitution qui stipulait que les collectivités locales géraient uniquement les affaires locales. La nouvelle Constitution renforce ainsi le rôle des collectivités locales et leur garantit plus de pouvoirs que l'ancienne, parmi lesquels il faut surtout souligner le principe de la libre administration.

Afin de mettre en œuvre, de manière progressive, la décentralisation et les principes prévus par la Constitution, un code des collectivités locales a été adopté le 27 avril 2018 par le

Parlement. Toutefois les nouvelles compétences ne seront transférées aux municipalités que progressivement sur une période de neuf ans (Drugeon, 2016).

En parallèle, des progrès ont été réalisés dans la perspective des élections locales attendues depuis longtemps et dont la date a été reportée plusieurs fois. En effet, l'adoption par l'Assemblée des représentants du peuple de la loi organique n° 2017-7 du 14 février 2017, modifiant et complétant la loi organique n° 2014-16 du 26 mai 2014 relative aux élections et référendums du 31 janvier 2017 (AFP, 2017) a ouvert la voie à ce scrutin qui doit permettre d'ancrer le processus démocratique au niveau local. Cependant, la démission le 9 mai 2017 du président de l'Instance supérieure indépendante pour les élections et de plusieurs autres membres de l'Instance pour cause de tensions internes liées aux principes démocratiques (Bellamine, 2017a), a provoqué un débat sur la date des élections, qui ont finalement été reportées (RFI, 2017) (Bellamine, 2017b) et ont eu lieu le 6 mai 2018.

En attendant la mise en œuvre du code des collectivités locales et durant les dernières sept années, les communes ont été et restent régies par la loi organique des communes de 1975 (loi n° 75-33 du 14 mai 1975 portant promulgation de la loi organique des communes modifiée en 2008 par la loi n° 2008-57 du 4 août 2008). Selon son article 21, les compétences des communes sont fixées comme suit.

Le conseil municipal règle par ses délibérations les affaires de la commune :

- Il examine et approuve le budget communal.

- Il fixe dans la limite des ressources de la commune et des moyens mis à sa disposition le programme d'équipement de la collectivité.

- Il définit conformément au plan national de développement de la localité.

- Il donne son avis sur toutes les affaires qui présentent un intérêt local notamment en matière économique, sociale et culturelle et toutes les fois que cet avis est régulé par les lois et règlements ou qu'il est demandé par l'autorité de tutelle.

- Il est préalablement constitué sur tout projet devant être réalisé par l'État ou toute autre collectivité ou organisme public sur le territoire de la commune.

De plus, la commune est responsable de l'élaboration, de l'application et du suivi du plan d'aménagement (Article 119). Les principales prérogatives de la commune sont énumérées dans l'Article 118 qui prévoit les compétences traditionnelles des services publics de base dans le domaine des services de voirie et des travaux communaux dont l'aménagement de la voirie, des jardins et espaces verts, de l'éclairage, du traitement des déchets, du nettoyage des places publiques, de l'entretien des bâtiments communaux, etc. À première vue, peu de compétences dans le domaine de la planification stratégique sont données aux communes. L'esprit de la nouvelle Constitution présente une nouvelle approche qui envisage un rôle renforcé des communes dans la gestion communale. Encadré 2.3 montre les compétences des gouvernements infranationaux dans les pays de l'OCDE.

Encadré 2.2. Le système des administrations infranationales et leurs compétences dans les pays de l'OCDE

Nombre d'administrations infranationales

		Niveau municipal	Niveau intermédiaire	Niveau régional/fédéral	Total
Fédérations et quasi-fédérations	Australie	563		8	571
	Autriche	2122		9	2131
	Belgique	589	10	6	605
	Canada	3945		13	3958
	Allemagne	11 056	401	16	11 473
	Mexique	2 458		32	2 490
	Espagne	8 125	50	17	8 192
	Suisse	2 255		26	2 281
	États-Unis	35 879	3 031	50	38 960
Pays unitaires	Chili	345		15	360
	République tchèque	6 256		14	6 270
	Danemark	98		5	103
	Estonie	213			213
	Finlande	311		1	312
	France	35 416	101	18	35 535
	Grèce	325		13	338
	Hongrie	3 178		19	3 197
	Islande	74			74
	Irlande	31			31
	Israël	255			255
	Italie	7 982		20	8 002
	Japon	1 742		47	1 789
	Coré	227		17	244
	Lettonie	119			119
	Luxembourg	105			105
	Pays-Bas	388		12	400
	Nouvelle-Zélande	67		11	78
	Norvège	426		18	444
	Pologne	2 478	380	16	2 874
	Portugal	308		2	310
	République slovaque	2 929		8	2 937
	Slovénie	212			212
	Suède	290		21	311
	Turquie	1 397		81	1 478
	Royaume-Uni	391	27	3	421
OCDE-35		132 555	4 000	518	137 073
MENA	Jordanie	94	12		112
	Maroc	1 538	75	12	1 625
	Tunisie	350	24	Pas encore défini	374

Responsabilités selon le niveau de gouvernement

Niveau municipal	Niveau intermédiaire/provincial	Niveau Régional
Services pour la commune : • Éducation (école maternelle, préélémentaire et élémentaire) • Planification et gestion urbaines • Réseaux d'utilité locaux (eau, égouts, déchets, etc.) • Voirie locale et transport public local • Affaires sociales (soutien aux familles, enfants, personnes âgées, handicapés, pauvreté, prestations sociales, etc.) • Soins primaires et préventifs • Loisirs (sport) et culture • Ordre public et sécurité (police municipale, brigades de pompiers) • Développement économique local, tourisme, foire commerciale • Environnement (espaces verts) • Logement social • Services administratifs et délivrance de permis	Responsabilités spécialisées et plus limitées d'intérêt supra-municipal Rôle important de soutien aux petites municipalités Peut exercer des responsabilités déléguées par les régions ou le gouvernement central Responsabilités déterminées par le niveau fonctionnel et la zone géographique • Éducation secondaire et spécialisée • Aide sociale/ bien-être social et de la • jeunesse au niveau supra municipal • Gestion des déchets • Voirie et transports publics secondaires • Environnement	Hétérogène et des responsabilités étendues plus ou moins selon le pays (fédérations, pays unitaires) Services d'intérêt régional : • Éducation secondaire, enseignement supérieur, formation professionnelle • Planification spatiale • Développement économique et innovation régionale • Santé (soins secondaires et hôpitaux) • Affaires sociales, services de l'emploi, formation, inclusion, soutien à des groupes spécifiques • Voirie et transports publics régionaux • Culture, patrimoine, tourisme • Protection environnementale • Logement social • Ordre public et sécurité (police régionale, protection civile) • Supervision du gouvernement local dans les fédérations

Note : Les données statistiques pour Israël sont fournies par et sous la responsabilité des autorités Israéliennes compétentes. L'utilisation de ces données par l'OCDE est sans préjugé du statut du Golan, de Jérusalem Est et des colonies israéliennes en Cisjordanie au regard du droit international. * Inclut uniquement les gouvernements infranationaux aux compétences générales. **Pays-Bas : 403 municipalité au 1er janvier 2014. *** Le niveau régional au Portugal inclut uniquement deux régions outremer : Madère et les Açores.

Source : OCDE, Subnational government in OECD countries : Key data (2016) ; OCDE, Regions at a Glance 2016, Éditions OCDE, Paris (2016) (OCDE, 2017d). Décret n. 2.15.40 du février 2015 (Maroc) et www.hcp.ma/Repartition-geographique-de-la-population-d-apres-les-donnees-du-Recensement-General-de-la-Populationet-de-l-Habitat-de_a1796.html

Selon le code des collectivités locales, les compétences des communes seront élargies en ajoutant des compétences propres, des compétences partagées avec l'autorité centrale ainsi que des compétences transférées par cette dernière. Les compétences seront réparties selon le principe de subsidiarité. Le transfert de compétences doit être accompagné d'un transfert de fonds et de moyens proportionnels. Les compétences propres incluent la fourniture des services et les équipements de proximité. En outre, le conseil municipal est tenu de gérer les affaires de la commune qui incluent, entre autres, les engagements financiers de la commune et la détermination des impôts. Il est le responsable de l'élaboration du programme d'investissement et d'équipement et du plan d'aménagement urbain. Les compétences partagées incluent des aspects tels que le développement de l'économie locale, tandis que les compétences transférées mettent l'accent sur la construction et la rénovation de certains établissements publics. En outre, les collectivités locales disposent d'un pouvoir réglementaire. Cela implique une décentralisation allant au-delà de la simple déconcentration (IACE, 2015).

Le contexte actuel place les communes dans une situation compliquée. Elles doivent en effet trouver un équilibre entre, d'une part, les exigences des citoyens et les nouvelles compétences qu'elles devraient recevoir et, d'autre part, la tutelle des anciennes lois. Cette situation génère un manque de légitimité lié à un manque de capacités et à la nomination des délégations spéciales qui ont géré les communes jusqu'à la tenue des élections locales. De plus, depuis la révolution, les communes ont perdu l'autorité sur la police municipale ce qui les prive d'un pouvoir exécutif et réduit davantage leur champ de manœuvre pour répondre aux attentes des citoyens et surtout pour mettre fin aux diverses infractions à la réglementation municipale en vigueur, telles que des constructions anarchiques ou l'occupation illégale du sol par des cafés, commerces et restaurants. Depuis 2011, la police est placée sous l'autorité du chef de la sûreté de district (ministère de l'Intérieur), tandis que la municipalité reste responsable de lui fournir la logistique nécessaire à l'accomplissement de ses tâches. Le fait de ne pas avoir l'autorité sur la police ainsi que l'affectation de la police à d'autres tâches, crée une situation difficile à gérer pour les communes (Lajili, 2016). Une fois que la politique de décentralisation sera mise en place, les communes devraient regagner de l'autorité en la matière.

Alors que les réformes de la décentralisation tardent à se concrétiser, les communes sont confrontées à des problèmes structurels auxquels elles ont des difficultés à répondre. La Tunisie a connu des grèves multiples dans les secteurs de services urbains qui ont eu pour conséquence une titularisation des agents contractuels, ce qui implique une augmentation de la masse salariale. De plus, les ressources des communes ont chuté suite à la diminution des paiements des impôts et taxes locaux. Par exemple, en 2011, les communes ont connu une régression de 37% de leurs ressources propres et, dans certaines communes, les charges salariales dépassent leurs ressources propres (Turki et Verdeil, 2015). Les disparités régionales persistent bien que la part du budget de l'État allouée au développement régional ait plus que quadruplé depuis 2011 (Ben Raies, 2015). Dans ce contexte, les délégations spéciales, qui manquent de légitimité démocratique parce qu'elles n'ont pas été élues, confrontées aux citoyens qui demandent un droit de participation, ont essayé de s'ouvrir et d'expérimenter de nouvelles formes d'interaction avec les populations. En outre, en attendant l'adoption du code des collectivités locales et la tenue des élections municipales, le gouvernement central a mis en œuvre des programmes et initiatives de développement régional, à savoir le Programme de développement urbain et de la gouvernance locale décrit dans le premier chapitre, qui impose des exigences et conditions en matière des processus participatif aux communes. Ce contexte a un impact sur leurs initiatives de gouvernement ouvert, en particulier sur le budget participatif qui suit d'autres mécanismes de participation, tel que discuté plus en détail ci-dessous. La Tunisie est encore aujourd'hui dans une phase de transition pour définir son modèle de gouvernement ouvert au niveau local mettant en son centre la participation des populations. Sur ce point, les principes du Conseil de l'Europe pourraient servir de source d'inspiration (voir Encadré 2.3).

La mise en place et la concrétisation de la décentralisation reste cependant l'élément-clé pour le gouvernement ouvert au niveau local. Un engagement concernant les compétences et les ressources permettrait aux administrations locales de développer des approches à long terme facilitant le gain de confiance des citoyens. Les mouvements sociaux des dernières années, en particulier dans les régions les plus marginalisées, témoignent de l'importance de la mise en œuvre d'une décentralisation qui réponde aux besoins des citoyens. Cela nécessite une coordination interministérielle incluant le ministère des Affaires locales et de l'Environnement, le ministère des Finances et surtout l'unité responsable du gouvernement ouvert au sein de la Présidence du Gouvernement. Cette coordination assurerait une harmonisation entre les politiques publiques du développement local et de la décentralisation, les ressources humaines et les finances.

Encadré 2.3. Les 12 principes de bonne gouvernance démocratique au niveau local

Les États membres du Conseil de l'Europe ont approuvé en 2008 des principes de bonne gouvernance afin de la promouvoir au niveau local. Ils reconnaissent cependant que « pour que ces principes puissent être appliqués, les collectivités locales doivent posséder les pouvoirs, les responsabilités et les ressources leur permettant de régler et de gérer, dans le cadre de la loi, sous leur propre responsabilité et au profit de leurs populations, une part importante des affaires publiques ».

Ces principes sont :

1. Des élections régulières, une représentation et une participation justes, afin de garantir que tous les citoyens disposent d'une réelle possibilité de s'exprimer sur la gestion des affaires publiques locales.

2. La réactivité afin de garantir que les réponses apportées par les collectivités locales sont adaptées aux attentes légitimes et besoins des citoyens.

3. L'efficacité et l'efficience afin de s'assurer que les objectifs sont atteints en faisant une utilisation optimale des ressources.

4. L'ouverture et la transparence pour garantir au public un accès libre à l'information et pour faciliter la compréhension de la gestion des affaires publiques.

5. L'État de droit, pour garantir l'équité, l'impartialité et la prévisibilité.

6. Un comportement éthique pour garantir que l'intérêt public est placé au-dessus des intérêts privés.

7. Les compétences et les capacités pour garantir que les représentants et responsables locaux sont en mesure d'accomplir leur mission.

8. L'innovation et l'ouverture d'esprit face au changement pour garantir que les nouvelles solutions et les bonnes pratiques entraînent des améliorations.

9. La durabilité et l'orientation à long terme afin que soient pris en compte les intérêts des générations à venir.

10. Une gestion financière saine pour garantir une utilisation prudente et productive des fonds publics.

11. Les droits de l'Homme, la diversité culturelle et la cohésion sociale, pour garantir la protection et le respect de tous les citoyens et prévenir la discrimination et l'exclusion.

12. L'obligation de rendre des comptes, pour garantir que les représentants et dirigeants locaux assument leurs responsabilités et sont tenus pour responsables de leurs actes.

Source : Conseil de l'Europe, 2007.

Références

AFP (2017), "L'Assemblée vote la loi relative aux élections et aux référendums, les élections municipales en point de mire", HuffPost Tunisie, http://www.huffpostmaghreb.com/2017/01/31/loi-elections-municipales_n_14524362.html (consulté le 29 Janvier 2018).

Bellamine, Y. (2017a), "Face aux députés: Chafik Sarsar craint que l'ISIE ne puisse plus garantir des élections démocratiques", HuffPost Tunisie, http://www.huffpostmaghreb.com/2017/05/10/chafik-sarsar-assemblee_n_16537870.html (consulté le 29 Janvier 2018).

Bellamine, Y. (2017b), "Démission de Chafik Sarsar: Quel avenir pour les élections municipales?", HuffPost Tunisie, http://www.huffpostmaghreb.com/2017/05/09/elections-municipales-tun_n_16509074.html (consulté le 29 Janvier 2018).

Ben Raies, M. (2015), "De la décentralisation en question, Quelle Tunisie ?", Leaders, http://www.leaders.com.tn/article/17501-de-la-decentralisation-en-question-quelle-tunisie (consulté le 29 Janvier 2018).

Council of Europe (2007), Extrait de la Déclaration de de Valencia de la 15e Conférence des Ministres européens responsables des collectivités locales et régionales, https://rm.coe.int/168070169a%20et%20www.coe.int/fr/web/good-governance/12-principles-and-eloge (consulté le 29 Janvier 2018).

Drugeon, A. (2016), "La Tunisie en passe de créer 61 nouvelles municipalités", HuffPost Tunisie, http://www.huffpostmaghreb.com/2016/05/26/tunisie-61-municipalites_n_10140830.html (consulté le 29 Janvier 2018).

European Committee of the Regions (2014), Tunisie: Fiche Technique - Répartition verticale des compétences, https://portal.cor.europa.eu/arlem/Documents/Tunisia%20Fact%20Sheet%20No%201%20FR%20_%208%20May%202014.pdf (consulté le 29 Janvier 2018).

IACE (2015), Guide de Bonnes Pratiques de Gouvernance Locale, http://www.iace.tn/wp-content/uploads/2017/02/Guide_gouvernance-locale_version-finale.pdf (consulté le 29 Janvier 2018).

Lajili, T. (2016), "Tunisie: Police municipale - Un statut ambigu - allAfrica.com", La Presse.tn, http://fr.allafrica.com/stories/201610210888.html (consulté le 29 Janvier 2018).

OCDE (2017a), Un meilleur contrôle pour une meilleure gouvernance locale en Tunisie : Le contrôle des finances publiques au niveau local, Examens de l'OCDE sur la gouvernance publique, Éditions OCDE, Paris, http://dx.doi.org/10.1787/9789264265967-fr.

OCDE (2017b), *Towards a New Partnership with Citizens - Jordan's Decentralisation Reform*, Éditions OCDE.

RFI (2017), *Tunisie: des ONG dénoncent le report des élections municipales - RFI*, RFI, www.rfi.fr/afrique/20170919-tunisie-ong-denoncent-le-report-elections-municipales (accessed 29 Janvier 2018).

Turki, S. and Verdeil, E. (2015), "Tunisie: la Constitution (du Printemps) Ouvre le Débat sur la Décentralisation", dans *Local Governments and Public Goods: Assessing Decentralization in the*

Arab World, LCPS, https://halshs.archives-ouvertes.fr/halshs-01221381/document (accessed 29 Janvier 2018).

Notes

[1] « En cas de dissolution d'un conseil municipal ou de démission de tous ses membres en exercice ou en cas d'impossibilité de former un conseil municipal, une délégation spéciale en remplit les fonctions. […] Cette délégation est désignée par décret. […] Cette délégation spéciale et son président remplissent les mêmes fonctions que le conseil municipal et son président. » Article 12, Loi n° 75-33 du 14 mai 1975, portant promulgation de la loi organique des communes.

Chapitre 3. Le gouvernement ouvert à La Marsa, Sayada et Sfax

Ce chapitre propose une évaluation du cadre institutionnel et des pratiques du gouvernement ouvert dans les communes de La Marsa, Sayada et Sfax. Il dresse un état des lieux des pratiques existantes, de leurs opportunités et faiblesses et les situe dans la perspective du gouvernement ouvert proposée par le code des collectivités locales. L'expérience des pays de l'OCDE et la Recommandation de l'OCDE sur le gouvernement ouvert permettent de formuler des recommandations pour une approche plus cohérente et systématique.

Les délégations spéciales des communes nommées en 2011 ont été confrontées à des attentes des citoyens visant une gouvernance publique plus inclusive et ouverte, capable de surmonter les défis du développement local. C'est dans ce contexte que quelques maires et conseillers municipaux/communaux ont pris l'initiative de mettre en œuvre des pratiques visant une administration locale plus ouverte et axée sur les citoyens. Le manque de légitimité faute d'élection a accru l'urgence et l'importance d'inclure les citoyens dans la gestion des politiques publiques et des services municipaux. Cette ouverture avait pour but de rompre avec la culture du secret et d'instaurer un climat de confiance. Les nouveaux mécanismes de participation et de transparence, surtout en matière de finances, avaient également pour but d'intéresser les citoyens aux affaires communales et de restaurer la confiance dans la gestion municipale afin de les encourager à payer leurs impôts locaux (Guidara, 2015).

Les citoyens et la société civile, quant à eux, n'ont pas attendu la mise en place d'un nouveau système de gouvernance et se sont présentés comme moteur de changement en proposant aux communes des nouvelles formes de participation citoyenne. Cette force de proposition et l'engagement de la part de la société civile, qui s'ajoutaient à l'ouverture d'esprit des communes, ont conduit à l'instauration de pratiques de gouvernement ouvert prometteuses dans quelques communes, à savoir le budget participatif et les données ouvertes. Les communes de La Marsa, Sayada et Sfax font partie de ses expériences innovatrices. La Marsa et Sfax comptent parmi les quelques communes à avoir adopté le budget participatif et Sayada s'est engagée dans un partenariat avec la société civile afin de rendre la municipalité plus transparente. Compte tenu de ces expériences et de l'engagement du gouvernement national à promouvoir les principes et initiatives du gouvernement ouvert au niveau local, l'équipe chargée du gouvernement ouvert tunisien, en collaboration avec le ministère des Affaires locales et de l'Environnement, ont choisi les communes de La Marsa, Sayada et Sfax pour une coopération et une étude pilote avec l'OCDE. Cette coopération a pour but de passer en revue le cadre légal, institutionnel des politiques publiques, ainsi que les pratiques du gouvernement ouvert dans ces trois communes pilotes afin, d'une part, d'augmenter leur pertinence et leur impact et, d'autre part, de partager leurs bonnes pratiques et leurs leçons avec l'ensemble des communes tunisiennes.

Les caractéristiques de La Marsa, Sayada et Sfax

La Marsa, Sayada et Sfax sont des communes côtières situées au nord et au milieu de la Tunisie. Elles se trouvent dans les gouvernorats de Tunis (La Marsa), Monastir (Sayada) et Sfax (Commune de Sfax). Ces communes se situent parmi les gouvernorats les plus développés du pays. Tunis et Sfax sont au premier et deuxième rang de l'Indice du climat d'affaires local et Monastir au huitième. L'indice évalue les services municipaux, l'approche participative, la transparence et l'accès à l'information, les services non municipaux, le cadre de vie et la disponibilité de la main d'œuvre (IACE, 2016). Ces gouvernorats réunissent aussi des secteurs économiques importants de la Tunisie, à savoir l'agriculture, le textile, le cuir, la pêche et l'industrie chimique.

L'indice de développement régional (2012) montre également que Tunis arrive au 1er rang avec 0,76. Monastir, 4e rang avec 0,64, et Sfax, 7e rang avec 0,56, comptent parmi les 7 premières régions du pays par rapport à des régions plus marginalisés comme Kairouan (23e rang avec 0,25) ou Kasserine (24e rang avec 0,16)1. Il est à noter d'importantes différences de croissance entre Tunis (0,76) et Kasserine (0,16)[1].

En termes d'indicateurs sociaux et économiques (voir Tableau 3.1), les trois communes connaissent de meilleurs résultats que la moyenne tunisienne, notamment en ce qui concerne le chômage, le niveau d'éducation ou la connectivité à l'Internet. Ce constat les place dans une situation avantageuse par rapport à d'autres communes pour expérimenter et instaurer des mécanismes de gouvernement ouvert.

Tableau 3.1. Recensement général de la population et de l'habitat 2014

Population	92 987	272 801	24 889 12 962 (Sayada)	10 982 754
Jeunes (15-29)	23,7%	23,8%	26,5%	25%
Analphabète (10+)	9,3%	12%	10,9%	18,8%
Utilisation internet (10+)	57,9%	47%	46,9%	36,9% (total milieu) 45,4& (milieu communal)
Chômage	9%	9%	7,2%	14,8%
Chômage m.	7,3%	6,2%	4,8%	11,4%
Chômage f.	11,8%	14,3%	10,5%	22,2%

Note : Les chiffres pour Sfax hors population font référence à la délégation de Sfax ville
Source : INS, 2014, Recensement général de la population et de l'habitat 2014.

Vers une approche compréhensive du gouvernement ouvert au niveau local

Les données de l'OCDE montrent que, malgré l'existence d'une multitude de pratiques de gouvernement ouvert au niveau des gouvernements nationaux et infranationaux, une approche cohérente est souvent absente alors qu'elle est importante pour un changement culturel et une utilisation stratégique des initiatives du gouvernement ouvert. En conséquence, la Recommandation de l'OCDE sur le gouvernement ouvert recommande aux adhérents « d'élaborer, d'adopter et de mettre en œuvre des stratégies et initiatives en matière de gouvernement ouvert ». Selon la définition de la recommandation, « une stratégie en matière de gouvernement ouvert est un document définissant un programme en matière de gouvernement ouvert pour l'administration centrale et/ou pour tout niveau d'administration infranationale, ou encore pour toute institution publique ou tout domaine thématique et énonçant de grandes initiatives en matière de gouvernement ouvert ainsi que des objectifs à court, moyen et long terme et des indicateurs » (OCDE, 2017c). En Tunisie, concernant le gouvernement central, les plans d'action biannuels du gouvernement ouvert constituent davantage une sorte de feuille de route du gouvernement ouvert plutôt qu'une stratégie. Les municipalités, y compris La Marsa, Sayada et Sfax, ont développé des pratiques en matière de gouvernement (qui sont discutées ci-dessous) qui ne font cependant pas partie d'une vision stratégique. De ce fait, les municipalités pourraient élaborer leur propre stratégie en matière de gouvernement ouvert au niveau local, comme l'a fait la région de Rhénanie-du-Nord-Westphalie en Allemagne (voir Encadré 3.1). Les maires et les élus de ces communes pourraient, en concertation avec les citoyens, arriver à un consensus sur les grandes priorités en matière de transparence, de participation des parties prenantes, d'intégrité et de reddition de comptes, s'inspirant des nouvelles prérogatives du code des collectivités locales. Cette stratégie inclurait la vision, les objectifs, les activités à entreprendre, ainsi qu'un calendrier et des indicateurs pour une évaluation d'impact. Une stratégie en matière de gouvernement ouvert permettrait d'avoir une approche à long terme au-delà des élections et d'assurer une cohérence entre toutes les activités, en plus de regrouper toutes les parties prenantes autour d'une même vision. Elle permettrait également de mieux harmoniser les activités avec les ressources humaines et financières disponibles et d'élaborer une feuille de route pour le développement de ces ressources. Des stratégies pourraient être élaborées par chaque commune. Cependant un échange pourrait leur servir à les harmoniser, à apprendre l'une de l'autre et à avoir une approche conjointe envers le gouvernement central.

Encadré 3.1. Open NRW - stratégie du gouvernement ouvert de l'état fédéré de Rhénanie-du-Nord-Westphalie (NRW) en Allemagne

L'élaboration de la stratégie était l'un des engagements pris dans l'accord de coalition du gouvernement 2012-2017 en vue de développer une nouvelle culture de participation à l'ère numérique et de renforcer la transparence de l'administration. Dans ce but, la stratégie a été adoptée en 2014 et présente une approche cohérente, ambitieuse et axée sur la pratique. Elle se fonde sur les principes de participation, de transparence et de collaboration.

Les points-clés de la stratégie sont :

- Une approche interministérielle qui vise à impliquer toute l'administration.
- Une approche intégrative qui inclut la participation, la transparence et la collaboration.
- Une approche participative de l'élaboration de la stratégie.

Les objectifs-clés sont

- Renforcer le dialogue entre citoyen et administration afin d'améliorer la confiance.
- Ouvrir l'action de l'administration à l'engagement des citoyens, du secteur privé et des universitaires afin de lui donner un nouvel élan.
- Tirer profit du potentiel d'innovation du gouvernement ouvert.

Les activités de la stratégie incluent :

- La création du cadre institutionnel nécessaire au sein de l'administration.
- Les données ouvertes.
- La participation à travers des standards et mécanismes en ligne.
- L'e-collaboration en interne et avec la société civile.
- Le portail Open.NRW comme plateforme centrale du gouvernement ouvert.
- La communication interne et externe autour d'Open.NRW.
- Information, formation et changement culturel dans l'administration.
- L'évaluation de la mise en œuvre de la stratégie.

Source : Die Landesregierung Nordrhein-Westfalen 2014.

Le cadre institutionnel pour le gouvernement ouvert à La Marsa, Sayada et Sfax

Le succès de la mise en œuvre des pratiques de gouvernement ouvert et l'élaboration d'une stratégie en la matière dépend également du cadre institutionnel de l'administration. Les analyses menées dans les pays de l'OCDE ont démontré l'utilité de structures spécifiques dédiées à la coordination des initiatives de gouvernement ouvert pour assurer leur cohérence, leur complémentarité et leur pertinence. Ainsi, 77% des pays de l'OCDE ont un service chargé de la coordination horizontale des initiatives du gouvernement ouvert au niveau central. L'étude montre que ce service est responsable de plusieurs tâches liées à la mise en œuvre des réformes de gouvernement ouvert, telles que: la formulation d'une stratégie en matière de gouvernement ouvert, la coordination de la mise en œuvre des initiatives en matière de gouvernement ouvert, leur suivi et évaluation, la communication et, dans certains cas également, l'allocation des ressources financières et l'évaluation de l'impact (Graphique 3.1.) (OCDE, 2017b).

Graphique 3.1. Responsabilités du bureau de coordination

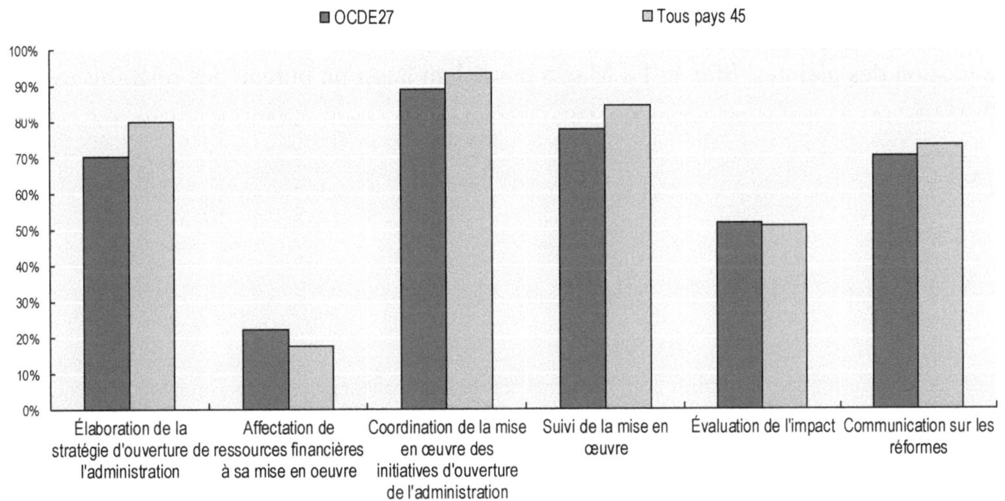

Source : OCDE, 2017b.

Après la révolution de 2011 et la dissolution des conseils municipaux, des délégations spéciales ont été désignées par décret dans toutes les communes du pays. Cette démarche a valu pour les villes de La Marsa, Sayada et Sfax, ce qui a permis de gérer les activités municipales jusqu'à la tenue des élections municipales conformément à l'article 12 de la loi organique des communes. Cependant l'ensemble des trois communes ont connu plusieurs nominations de délégations qui ont dû chaque fois rétablir le dialogue avec les citoyens alors que la population locale était obligée de rappeler aux nouvelles délégations les engagements de gouvernement ouvert pris par l'ancienne délégation. Ces changements ont eu un impact sur ces initiatives, en particulier à Sayada[2]. Cette municipalité a connu une situation particulière après la démission du président et des membres de la délégation spéciale le 26 octobre 2015 (Businessnews, 2015), ce qui l'a amenée à être dirigée par le gouverneur de Monastir pendant plus d'un an jusqu'à la nomination d'une nouvelle délégation le 8 février 2017[3]. La délégation spéciale de La Marsa a été remplacée deux mois seulement (le 9 juin 2011[4]) après sa nomination initiale (le 8 avril 2011[5]) à cause d'un mécontentent des acteurs locaux, ainsi que l'ont expliqué les dirigeants de La Marsa. Sfax a vu la nomination d'une nouvelle délégation en octobre 2012[6]. Finalement, les compositions des délégations de La Marsa et Sfax ont été modifiées en avril 2017[7]. Les conseils municipaux élus lors des élections locales en mai 2018 sont maintenant appelés à continuer le dialogue avec les citoyens afin de gagner leur confiance.

Les délégations spéciales des sept dernières années ont été présidées par le maire et comprennent plusieurs membres. Le fait d'avoir été en place pendant plus longtemps que la nomination initiale prévue pour un an a conduit certains membres à l'inactivité. Les membres de la délégation ont été responsables des huit commissions permanentes de la municipalité, qui sont chargées des affaires administratives et financières, des travaux et de l'aménagement urbain, de la santé, de l'hygiène et de la protection de l'environnement, des affaires économiques, des affaires sociales et de la famille, de la jeunesse, du sport et de la culture, de la coopération et des relations extérieures et de l'action volontariat (loi de 1975). En revanche, à Sayada, compte tenu du nombre réduit de membres de la délégation, deux commissions ont dû être regroupées. L'administration municipale connaît une structure similaire dans les trois communes et est composée de plusieurs départements. L'existence d'un responsable de l'accès à l'information dans chaque administration est une obligation en vertu de l'article 32 de la loi organique relative au droit d'accès à l'information et l'existence d'un responsable du mécanisme de gestion des plaintes est une exigence du programme PDUGL, dont le rôle est clairement défini dans le Guide sur les mécanismes de gestion des plaintes. Sfax et La Marsa possèdent aussi un bureau des relations avec les citoyens.

Graphique 3.2. Structure administrative de la commune de la Marsa

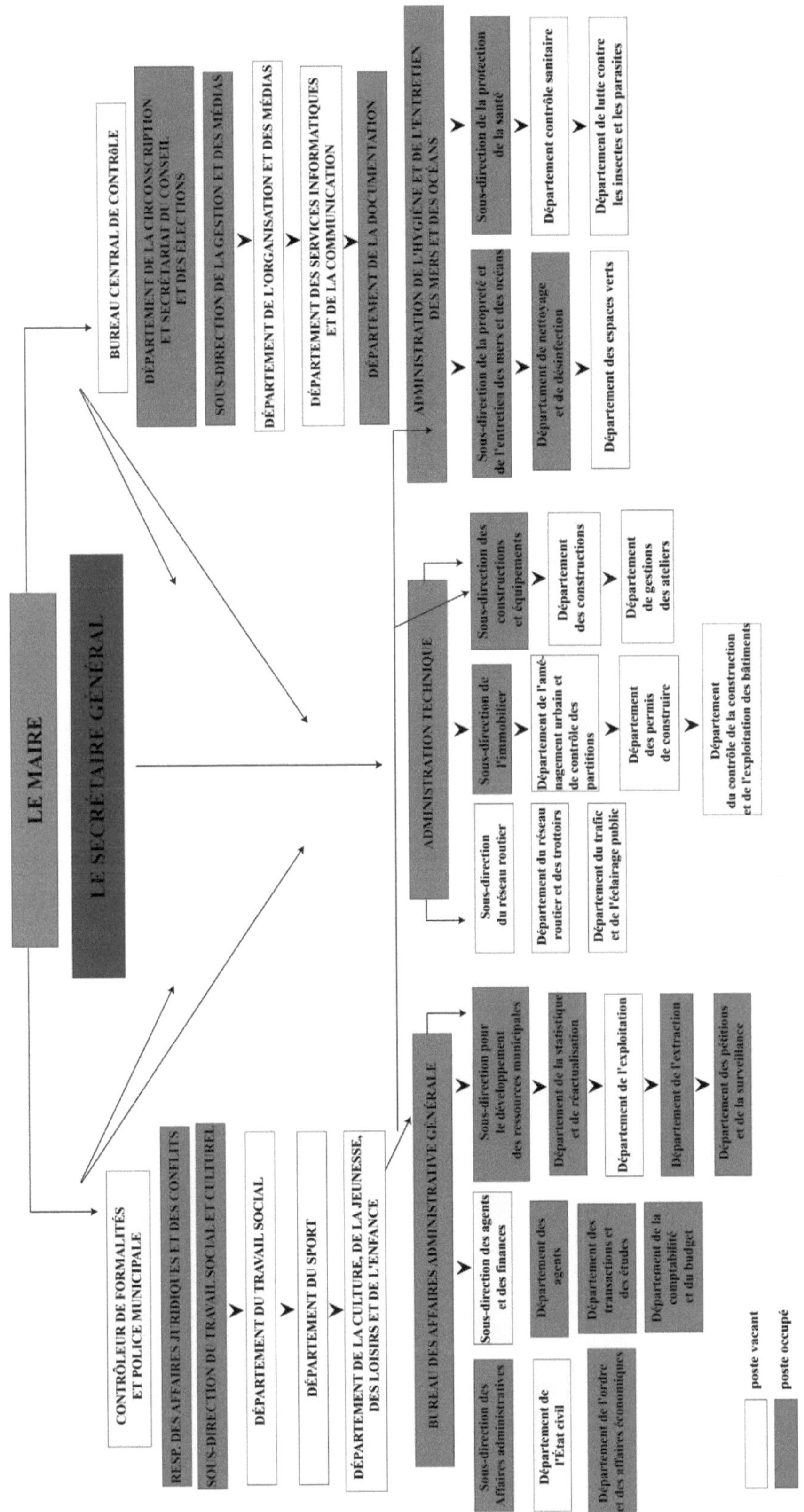

Source : La Marsa, 2017, www.communemarsa.tn/services-de-la-commune/?lang=ar.

Graphique 3.3. Structure administrative de la municipalité de Sfax

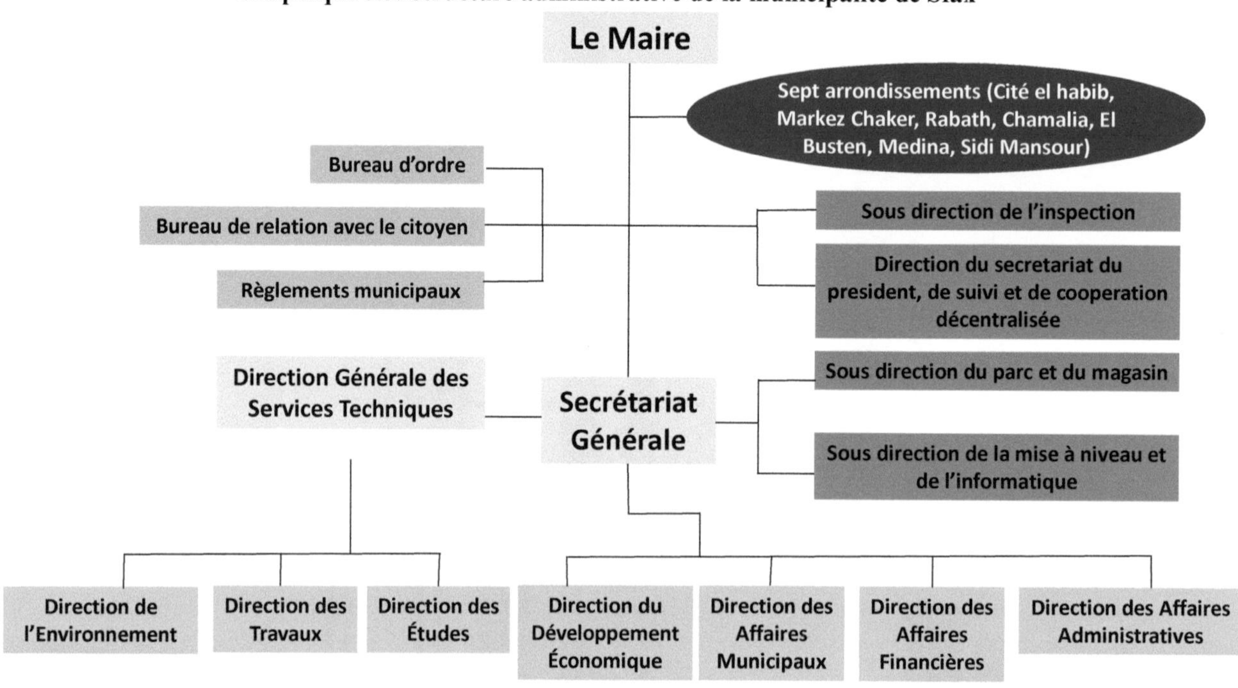

Source : Sfax, 2017, www.commune-sfax.gov.tn

Graphique 3.4. Structure administrative de la commune de Sayada

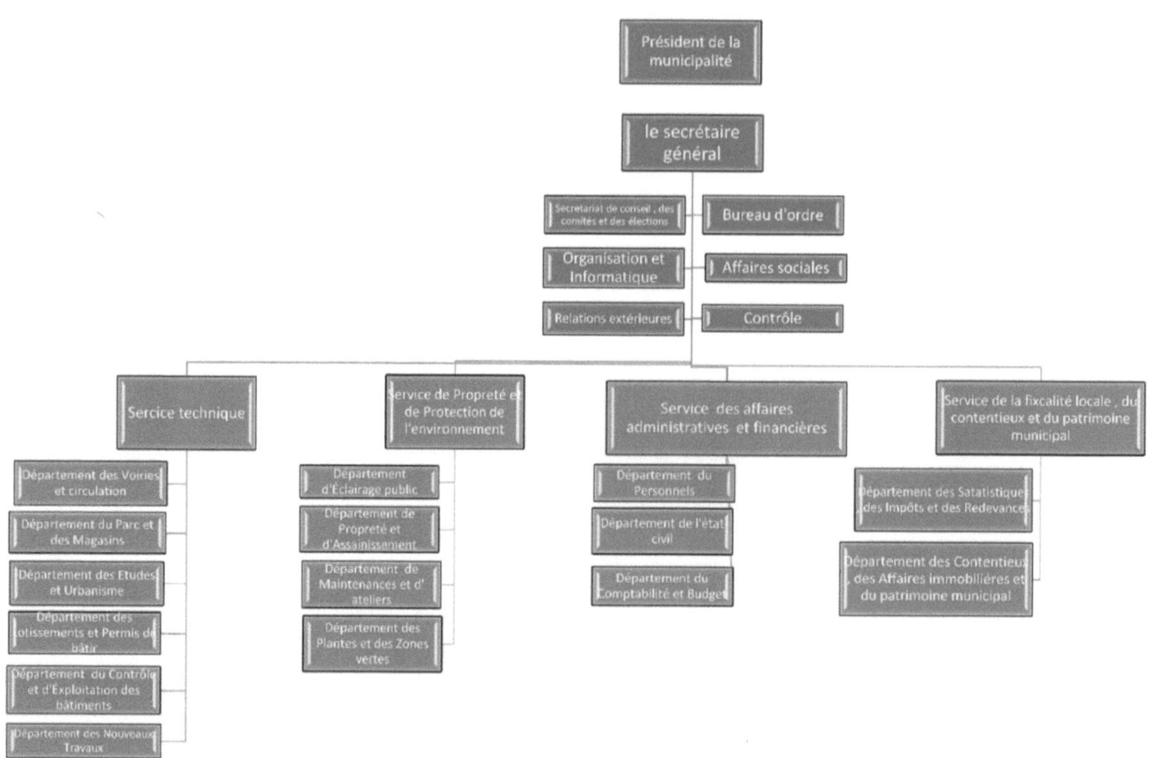

Source : Document fourni par la commune de Sayada

Afin de respecter les nouvelles exigences en matière de gouvernement ouvert, il est inévitable que les cadres institutionnel, humain et financier soient adaptés à moyen et long terme. Cela nécessite un cadre dans lequel les différentes sections et personnes- ressources (pour l'accès à l'information, les plaintes, le bureau des relations avec les citoyens) travaillent en coopération et échangent des informations. Le ministère des Affaires locales et de l'Environnement, en coopération avec des structures représentatives des communes (Fédération nationale des villes tunisiennes et le futur Conseil supérieur des collectivités locales), pourrait formuler des propositions sur l'organisation institutionnelle en se basant sur l'expérience de la coordination du gouvernement ouvert au niveau central dans les pays de l'OCDE ou sur les structures existant en matière de participation citoyenne dans les villes des pays de l'OCDE (voir Encadré 3.2). Ces structures devraient toutefois être adaptées aux communes en fonction de leur taille et de leur contexte.

Encadré 3.2. Direction « Relation aux citoyens » de la ville de Dieppe, France

À Dieppe, cette direction est « l'un des principaux outils de la démarche de participation des habitants engagée par la municipalité de Dieppe. Composée de trois agents, elle est chargée de travailler à l'élaboration et à la mise en place d'outils de démocratie locale en formant des groupes de travail participatifs, des conseils de quartiers et des ateliers thématiques de ville. Elle assure l'interface avec les habitants, tout au long de l'avancement de leur réflexion, afin de les aider à aboutir à des projets finalisés et partagés. Elle joue auprès d'eux un rôle de soutien logistique, notamment pour la réservation et la préparation des salles de réunion, la mise à disposition d'informations ou de documentation. À la demande des habitants, elle facilite et organise les temps d'échange avec les élus ou les services municipaux, pour leur apporter l'information nécessaire à l'établissement d'un diagnostic partagé, puis pour permettre l'expertise technique et financière des projets élaborés, qui auront ensuite vocation à s'inscrire dans le processus de budget participatif. L'équipe assure également l'accompagnement des Dieppois souhaitant mettre en œuvre, à l'échelle de leur quartier, des microprojets éligibles au fonds de participation des habitants, qui est destiné à la mise en œuvre d'actions centrées sur le développement du lien social et l'amélioration de la vie des quartiers. Elle a enfin pour mission d'organiser et de suivre le fonctionnement des cinq Conseils de quartiers. »

Source : Ville de Dieppe, (n.d.)

Des ressources humaines et financières restreintes

Le succès de toute initiative du gouvernement ouvert dépend également des ressources humaines et financières disponibles. Pour cela, la Recommandation de l'OCDE sur le gouvernement ouvert appelle le gouvernement à mettre en œuvre les réformes « en fournissant [aux agents publics] les ressources humaines, financières et techniques adéquates, tout en favorisant une culture institutionnelle propice » (OCDE, 2017c). La Recommandation reconnaît ainsi que le gouvernement ouvert présente une nouvelle culture de gouvernance qui requiert des compétences et ressources humaines et financières adaptées. Par exemple, l'interaction avec les citoyens demande des compétences en termes de négociation ou de médiation – des compétences que l'administration pourrait acquérir à travers des formations proposées par elle-même, l'administration nationale ou des partenaires.

En Tunisie, on compte environ 800 000 fonctionnaires publics dont seulement 10% au niveau infra-national. Dans les pays de l'OCDE, la rémunération du personnel des administrations locales représente 35,7% des dépenses publiques de la même catégorie (OCDE, (n.d.)). En Tunisie, la situation des ressources humaines des communes s'est encore dégradée avec le gel des embauches depuis 2011. De plus, les municipalités n'ont pas le droit de recruter sans l'accord de leur tutelle, à savoir le ministère des Affaires locales et de l'Environnement. À Sfax, un important nombre d'agents publics sont partis à la retraite et la commune n'a pas pu recruter de nouveaux fonctionnaires. La décentralisation en cours prévoit des nouvelles tâches pour les municipalités qui, faute d'encadrement, ont des difficultés pour exécuter les projets. Ce manque de ressources humaines implique aussi que les nouvelles obligations, telles que la désignation d'une personne spécifiquement chargée de l'accès à l'information ou les revendications de communication plus efficace et transparente avec les citoyens, deviennent autant de tâches supplémentaires pour les agents publics. À Sayada, cette situation se concrétise par le fait que le responsable des finances est aussi responsable des plaintes et est le point de contact pour la société civile ; de son côté, le responsable informatique est également point de contact pour l'accès à l'information. Les municipalités doivent alors faire face aux demandes de mise en œuvre des initiatives de gouvernement ouvert sans être capables d'améliorer par le recrutement leurs capacités et leur expertise dans le domaine. L'Association Action associative a proposé un renforcement des capacités et une formation lors de l'introduction du budget participatif à La Marsa et à Sfax. Ces activités ont cependant été uniquement ad hoc alors que les communes ont besoin d'un accompagnement à long terme afin de répondre aux nouvelles exigences en termes d'accès à l'information, d'ouverture, de participation et de reddition de comptes et afin de prendre en charge leurs nouvelles prérogatives après les élections et l'adoption du code des collectivités locales. Dans ce but, la décentralisation prévoit l'augmentation du taux d'encadrement.

Prenant en compte la situation actuelle et le gel des embauches, le gouvernement national (ministère des Affaires locales et de l'Environnement ainsi que la Présidence du Gouvernement) en coopération avec la société civile et des organisations représentatives des communes, pourrait proposer des formations en matière de gouvernement ouvert et d'accès à l'information afin d'aider les municipalités à accomplir leurs missions. Ces formations devraient faire partie d'une approche globale de la formation sur le gouvernement ouvert. Cette démarche nécessite l'implication d'acteurs différents tels que l'École nationale de l'administration, le Centre de Formation et d'Appui à la Décentralisation ou l'Académie internationale de la bonne gouvernance. La participation au réseau des écoles nationales d'administration de l'OCDE ou encore la coopération avec d'autres organisations internationales pourrait également favoriser l'élaboration des programmes de formation. Les municipalités elles-mêmes sont appelées à concevoir des approches de gouvernement ouvert qui nécessitent peu de ressources humaines et financières. Des partenariats avec la société civile, les universités ou le secteur privé – telles qu'il en existe à Sayada concernant la gestion du site web – pourraient être envisagés.

De manière similaire, les ressources financières au niveau local ne représentent qu'une petite partie des finances globales. Le part des dépenses publiques des administrations infranationales n'est que de 4% (UCLG, 2016) en Tunisie contre 40% dans les pays de l'OCDE (OCDE, (n.d.)). Sur ce budget, la majorité est utilisée pour le fonctionnement, ce qui restreint le budget disponible pour les investissements. Les communes dépendent des transferts de l'État afin d'assurer leur budget de fonctionnement, qui était fixé à 75% sur des ressources propres et à 25% sur des transferts en 2010 (Turki et Verdeil, 2015). Lors des entretiens avec les fonctionnaires et élus des trois communes, des difficultés ont été signalées concernant la mise à disposition d'un budget stable qui permette de développer les activités liées au gouvernement ouvert au niveau local, comme le bureau de plaintes, l'accès à l'information, la stratégie de communication et de transparence de la commune, etc. Cependant la commune de Sfax peut compter sur un budget dont 41,6% consacré en 2017 à l'investissement. Les sources de financement des communes sont l'autofinancement, les prêts d'investissement accordés par la CPSCL et la dotation globale non affectée allouée par le budget national. Comme indiqué ci-dessus, les communes connaissent des difficultés à atteindre l'autofinancement prévu. La commune de Sayada déclare qu'elle ne collecte qu'environ 10% des impôts. L'augmentation du taux de recouvrement des impôts locaux pourrait être un moyen effectif d'augmenter le budget et, par conséquent, d'augmenter les possibilités d'investir ; cette mesure dépend par contre d'une confiance accrue entre la commune et ses citoyens.

La stabilité et la prévisibilité financière sont des pré-conditions pour une vision à long terme du gouvernement ouvert dans les communes. Cela demande une confiance accrue des citoyens dans les communes mais, par ailleurs, le gouvernement national pourrait soutenir des campagnes de sensibilisation afin d'inciter les citoyens à payer leurs impôts.

Graphique 3.5. Finances de La Marsa en 2016

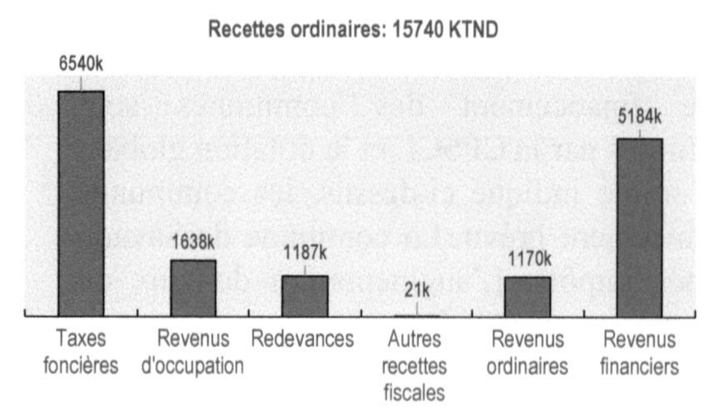

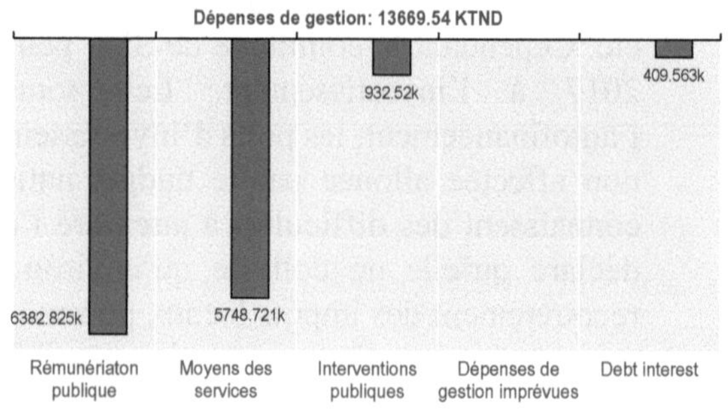

Graphique 3.6. Finances de Sfax en 2016

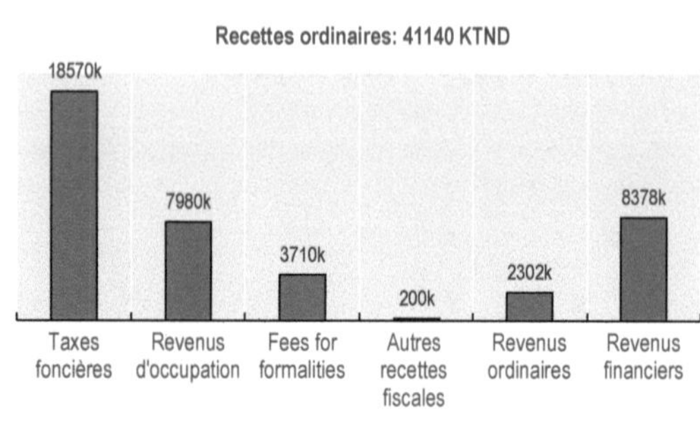

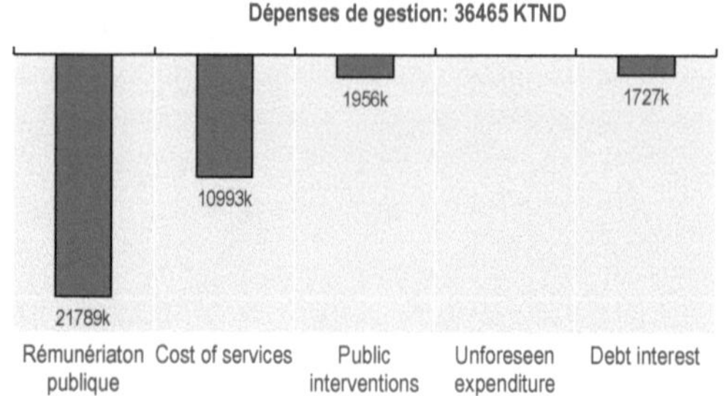

Graphique 3.7. Finances de Sayada en 2016

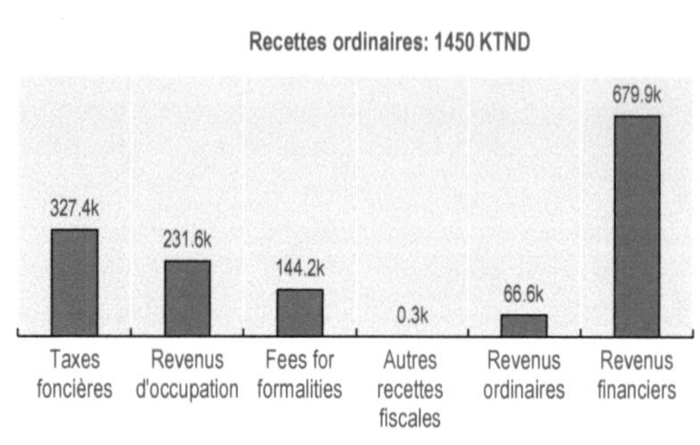

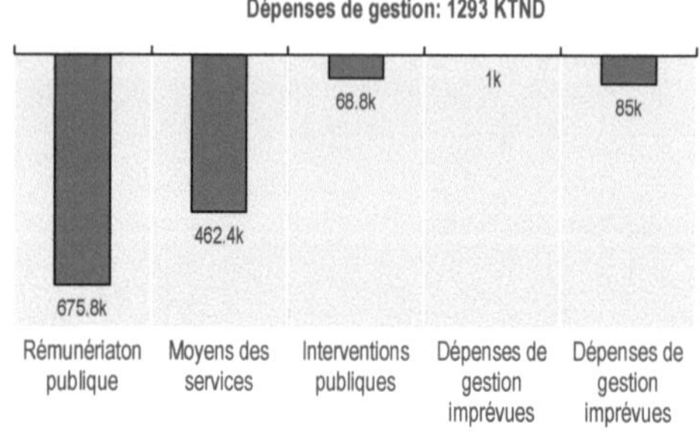

Source: Ministère des Affaires Locales et de l'Environnement, 2017

Initiatives et pratiques du gouvernement ouvert à La Marsa, Sayada et Sfax

Selon la définition de l'OCDE, le gouvernement ouvert se fonde sur les principes de la transparence, de la participation des parties prenantes, de l'intégrité et de la redevabilité. La transparence fait référence « à la divulgation et l'accessibilité ultérieure des données publiques pertinentes » ; la participation « se réfère généralement au fait d'associer des individus et des groupes à la conception, à la mise en œuvre et à l'évaluation d'un projet ou d'un plan » ; la redevabilité « fait référence à la responsabilité et au devoir des pouvoirs publics d'informer leurs citoyens des décisions qu'ils prennent ainsi que de rendre compte des activités et des performances de l'ensemble des administrations et de leurs agents » (OCDE, 2017b). Par l'intégrité publique, on « entend la conformité et l'adhésion sans faille à une communauté de valeurs, de principes et de normes éthiques aux fins de protéger l'intérêt général contre les intérêts privés et de lui accorder la priorité sur ces derniers au sein du secteur public » (OCDE, 2017e).

En outre, le concept de participation fait référence à toute une échelle de pratiques de participation qui va de l'information à l'implication, supposant une augmentation du degré d'influence des citoyens (voir Graphique 3.8).

Dans les communes de La Marsa, Sayada et Sfax, des initiatives qui visent la transparence, la participation des parties prenantes, l'intégrité et la redevabilité sont mises en œuvre et des pratiques correspondant à toute l'échelle de participation peuvent y être trouvées.

Graphique 3.8. Échelle des pratiques de participation : niveaux de participation des acteurs

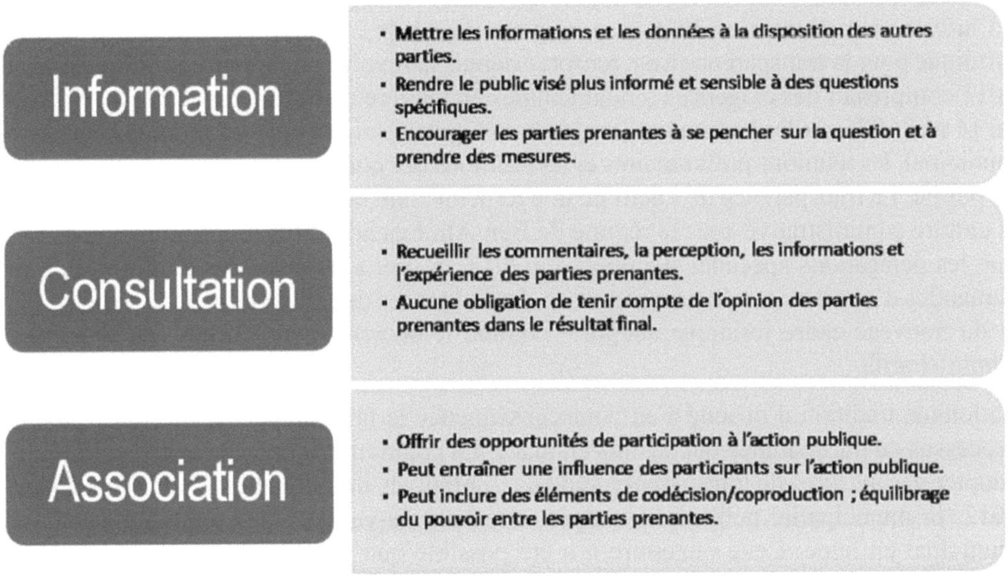

Information
- Mettre les informations et les données à la disposition des autres parties.
- Rendre le public visé plus informé et sensible à des questions spécifiques.
- Encourager les parties prenantes à se pencher sur la question et à prendre des mesures.

Consultation
- Recueillir les commentaires, la perception, les informations et l'expérience des parties prenantes.
- Aucune obligation de tenir compte de l'opinion des parties prenantes dans le résultat final.

Association
- Offrir des opportunités de participation à l'action publique.
- Peut entraîner une influence des participants sur l'action publique.
- Peut inclure des éléments de codécision/coproduction ; équilibrage du pouvoir entre les parties prenantes.

Source : OCDE, 2017b.

Ainsi que nous l'avons mentionné, les municipalités sont toujours régies par la loi organique des communes de 1975 qui prévoit plusieurs pratiques en matière de gouvernement ouvert. Ces pratiques incluent :

- des réunions préliminaires qui doivent précéder d'un mois au moins la tenue des sessions ordinaires du conseil municipal (qui ont obligatoirement lieu quatre fois par an). Lors de ces réunions préliminaires, les citoyens sont invités à s'exprimer sur les questions d'ordre local (Art. 32) ;

- les audiences du conseil municipal qui sont publiques ; la date de leur tenue est annoncée, par voie d'affichage, à l'entrée du siège de la commune et de ses arrondissements, ainsi qu'au moyen des différents médias accessibles (Art. 39) ;

- Les réunions des commissions qui se réunissent une fois par mois au moins et dont les audiences sont publiques ; la date de la tenue de ces audiences est annoncée, par voie d'affichage, à l'entrée du siège de la commune et de ses arrondissements, ainsi qu'au moyen des différents médias accessibles (Art. 14). Les fonctionnaires et les habitants peuvent être appelés à participer aux travaux des commissions avec voix consultative (Art.17) ;

- un extrait du procès-verbal de l'audience du conseil municipal est affiché (Art. 42).

Après 2011, les communes de La Marsa, Sfax et Sayada ont à la fois activé ces mécanismes et essayé d'aller au-delà afin d'instaurer des dialogues constructifs avec les citoyens. À La Marsa et à Sfax, cette démarche s'est ainsi concentrée sur le budget participatif – un outil de codécision avec les citoyens – qui était proposé aux municipalités par l'association «Action Associative», tandis qu'à Sayada, la transparence et les sondages ont été priorisés.

La transparence

En vertu de l'article 15 de la Constitution de 2014, les autorités locales sont obligées d'être transparentes. Cette exigence est renforcée par l'Article 139 de la Constitution qui consacre les principes du gouvernement ouvert – y compris la transparence – comme principes directeurs pour les autorités locales, ainsi que par la loi organique relative au droit d'accès à l'information adoptée en 2016 et en vigueur depuis le 24 mars 2017. Même si le cadre juridique pour la transparence a été renforcé depuis la révolution, le cadre juridique d'avant 2011 comprenait des exigences fondamentales en matière de transparence. La loi n° 75-33 du 14 mai 1975 sur les communes (toujours en vigueur) stipule que les réunions du conseil municipal, les réunions préliminaires et les réunions des commissions doivent être ouvertes au public. La transparence de l'activité gouvernementale ne faisait cependant pas partie de la culture administrative sous le régime de Ben Ali. Les administrations municipales ainsi que les délégations spéciales nommées en 2011 se sont ainsi trouvées confrontées à des demandes d'ouverture et de transparence – des exigences des citoyens et de la société civile et du nouveau cadre juridique adopté – comme le décret-loi sur l'accès aux documents administratifs.

La longue tradition d'opacité a eu pour conséquence le fait que peu de mécanismes et de processus de transparence ont été mis en place. La commune de Sayada a été la première à adopter des mesures de transparence suite aux initiatives individuelles de citoyens. Depuis 2012, la municipalité publie son budget et les procès-verbaux des réunions du conseil municipal en ligne. Cette ouverture n'a été possible que grâce à l'engagement actif des citoyens, regroupés ensuite dans l'Association pour la culture numérique libre (Clibre) qui a développé et gère encore aujourd'hui un portail collaboratif en ligne pour la municipalité (villedesayada.tn). Le budget, l'état civil, les recettes, les procès-verbaux et les appels d'offres sont publiés sur le site. Cette collaboration permet également à la société civile de publier des informations. Selon la perception de la municipalité et de la société civile, cette ouverture a accru la confiance envers la municipalité.

Les communes de La Marsa et Sfax ont également pris des mesures pour accroître la transparence et gèrent des portails web de leurs communes depuis mi-2016 à La Marsa (communemarsa.tn) et depuis 2010 à Sfax (commune-sfax.gov.tn), sur lesquels certains documents et données-clés tels que l'organigramme sont publiés de manière proactive. Toutes les municipalités sont cependant confrontées à un manque de ressources pour assurer la mise à jour de leurs sites web. En outre, les trois communes ont mis en place des pages Facebook (voir Tableau 3.2), un moyen de communication important en vue de l'importance de Facebook en Tunisie. Dans le cas de Sayada, cette page est cogérée avec la société civile. Ces pages servent également de plateforme pour publier des informations et interagir avec les citoyens.

Tableau 3.2. Fans Facebook des pages officielles des communes (11 août 2017)

La Marsa	7 021
Sayada	12 066
Sfax	19 598

Source : Facebook

Les communes utilisent également des moyens de communication plus traditionnels comme les banderoles, l'affichage, les haut-parleurs ou les points presse avec les médias locaux. L'approche proactive en matière de transparence se limite à la publication des documents-clés (procès-verbaux, données statistiques, date des réunions, etc. et, dans le cas de Sayada, les dépenses et les recettes mensuelles en format données ouvertes). Quelques données ouvertes figurent également sur le portail national www.collectiviteslocales.gov.tn.

Alors qu'une culture en matière de gouvernement ouvert est en voie de développement depuis 2011, les citoyens sont toujours confrontés à la réticence de l'administration publique en matière d'accès à l'information. L'administration peut prendre de longs retards dans la fourniture d'informations, ne publier que certaines parties ou refuser la diffusion des données. Ce fut par exemple le cas à La Marsa lorsque la société civile a exigé de voir les contrats et études concernant le renouvellement d'un pont de la ville. Le secret professionnel et la lourde responsabilité engagée en cas de divulgation non autorisée peuvent également expliquer pourquoi les agents publics optent pour la rétention de l'information (Nicolás Adán, J.-E., Ben Hassen, S. et Doggui, 2014). En conséquence, la société civile ou les citoyens doivent parfois recourir au système judiciaire – ce qui requiert néanmoins des procédures de longue durée et des jugements pas toujours exécutés. La participation aux réunions a été citée comme constituant l'un des moyens les plus efficaces afin d'accéder à l'information concernant les projets municipaux en cours, tel que l'aménagement d'une place de la ville.

Depuis le 24 mars 2017, les municipalités doivent mettre en œuvre la nouvelle loi relative au droit d'accès à l'information qui remplace le décret-loi sur l'accès aux documents administratifs. Même si, comme l'exige la loi, les trois municipalités ont nommé un agent officiellement responsable de l'accès à l'information, les municipalités ont des difficultés à mettre en œuvre les nouvelles exigences. Suite aux visites réalisées en février et mars 2017, il est apparu que l'expertise et la compréhension des implications de la loi restent basiques, malgré certains efforts de formation en coopération avec l'OCDE. De plus, au-delà des capacités de ce responsable de l'accès à l'information (voir la section sur les ressources humaines), les municipalités ne disposent pas d'un système adapté de gestion des données et d'archives. Les efforts de coordination entre les différents services de la municipalité devraient également être améliorés afin de faciliter l'accès à l'information, en particulier dans les grandes municipalités telles que Sfax. Les difficultés résident non seulement dans l'échange d'informations entre les différents services, mais les conseillers municipaux signalent aussi des difficultés à accéder à l'information à Sfax et à La Marsa. De plus, les recherches de l'association Al Bawsala dans le cadre du projet « Marsad Baladia » montrent que les municipalités ne sont pas encore en conformité avec le nouveau cadre légal. L'association a établi une mesure de transparence qui se fonde, entre autres, sur la publication de manière proactive des informations sur le site web de la municipalité et sur le taux de réponse à l'information demandée par l'association (voir Tableau 3.3).

Tableau 3.3. Taux de transparence selon l'index de Marsad Baladia d'Al Bawsala

La Marsa	22,6%
Sfax	17,7%
Sayada	46,7%
Radès	86%

Source : Al Bawsala, (n.d.)

L'accès à l'information n'est pas seulement une nouvelle obligation pour les municipalités. C'est aussi un nouveau droit pour les citoyens. Or, la connaissance de ce droit reste faible parmi les citoyens et, en conséquence, son utilisation l'est aussi. Les municipalités – même si elles ne collectent pas de statistiques officielles – rapportent qu'elles reçoivent très peu de demandes officielles d'accès à l'information. Les données de l'OCDE indiquent toutefois l'importance de mesurer l'impact des efforts de transparence. Il est essentiel pour que les municipalités améliorent les processus, d'une part, de collecter des données sur l'utilisation des informations publiées, sur le nombre des demandes d'information reçues et traitées, et d'autre part, d'en mesurer l'impact. Actuellement, les municipalités n'ont pas les capacités financières et humaines nécessaires pour le faire.

L'indice de la transparence municipale développé par Transparency International Lituanie révèle ce que Transparency International considère comme les informations à publier de manière proactive par les municipalités. Cet exemple pourrait inspirer les communes tunisiennes (voir Encadré 3.3).

Les municipalités pourraient envisager des partenariats avec la société civile locale ainsi qu'avec les médias locaux afin d'identifier les informations et les données les plus importantes et les plus demandées en vue d'une publication proactive. S'inspirant du modèle de Sayada, un partenariat peut aider à surmonter les défis à relever en matière de capacités humaines et financières restreintes et pourrait servir à publier les informations dans un format ouvert et facile à comprendre.

Ces partenariats peuvent aussi servir à diffuser une culture de la transparence, à la fois au sein de l'administration et parmi les citoyens. Des séminaires, des formations, mais également l'utilisation des technologies de l'information et de la communication, pourraient faciliter une meilleure compréhension des droits et obligations liés à l'accès à l'information. Pour ce faire, des guides de praticiens qui expliquent les obligations des agents publics, donnent des cas exemplaires et expliquent les démarches et droits des citoyens pourraient être envisagés. La mise en place de prix récompensant la transparence ou des concours de transparence pourraient également susciter une culture de la transparence parmi les agents publics et activer l'esprit innovateur des citoyens, de la société civile et de l'administration. Pour ce faire, les municipalités peuvent tirer profit des expériences déjà existantes en Tunisie au niveau national, tel que les Apps for Democracy Hackathons organisé par l'association The Tunisian e.Gov Society.

Encadré 3.3. Indice de transparence municipale

Transparency International Lituanie a développé un indice de transparence municipale qui évalue les 60 communes de Lituanie en fonction de la publicité et de la disponibilité de certains types d'informations sur leurs sites web.

L'indice contient les éléments suivants :

Informations sur la structure organisationnelle

1. liste et coordonnées des employés

2. descriptions de poste

3. déclarations d'intérêt des fonctionnaires

4. déclarations de patrimoine des hauts responsables politiques et des cadres supérieurs

Informations sur les activités du conseil municipal

5. dossier des votes individuels

6. dossier des votes individuels sous la mandature précédente

7. procès-verbal des réunions du conseil municipal

8. procès-verbal des réunions du conseil municipal sous la mandature précédente

Informations sur les politiques et activités de lutte contre la corruption

9. programme/plan anticorruption

10. informations sur les outils/initiatives qui font partie du programme anti- corruption

11. code de déontologie

12. politique concernant les déplacements et la réception des cadeaux

13. informations sur les procédures et modes de dénonciation

14. informations sur les processus liés aux rapports soumis par des dénonciateurs

15. liste des groupes d'intérêt rencontrés en cours de service

Informations sur les entreprises appartenant à la municipalité

16. liste des sociétés appartenant à la municipalité

17. liste des cadres supérieurs des entreprises

18. proportion des actions détenues dans ces sociétés

19. liste des entreprises fournissant des services publics sur son territoire

Informations sur les finances municipales

20. budget annuel

21. budget annuel des années précédentes

22. rapports financiers annuels

23. rapports financiers annuels des années précédentes

24. dettes de la municipalité et motifs de cet endettement

Informations sur les marchés publics

25. marchés publics prévus

26. spécifications techniques des adjudications correspondantes

27. déclarations d'intérêts du comité de sélection

28. liste des entreprises lauréates des marchés publics

29. liste des services à acheter

30. valeur monétaire des services (à fournir)

31. justification derrière les sélections des entreprises lauréates

32. biens appartenant à la municipalité et prix de loyer associé

Informations relatives à la participation publique

33. opportunités et lieux de participation à la consultation publique

34. suggestions/commentaires reçus lors des consultations publiques

35. décisions prises après consultation publique

36. informations sur les réunions planifiées du conseil, ordres du jour et documents associés

37. informations sur les mécanismes de rétroaction

38. informations sur les processus liés aux suggestions/commentaires des citoyens.

Source : Transparency International Lithuania, (n.d.)

Le budget participatif

« Le budget participatif est un processus de démocratie de base à travers lequel les citoyens prennent des décisions de manière souveraine et indépendante, avec l'accord de la commune, sur une partie du budget de leur commune [8] ». Le premier budget participatif a été développé en 1989 dans la ville brésilienne de Porto Alegre comme réponse de la municipalité au besoin d'instaurer la démocratie et aux problèmes posés par les pratiques patronales traditionnelles, par l'exclusion sociale et par la corruption. La ville a alors expérimenté des mécanismes de participation permettant de dépasser les contraintes financières, d'attribuer aux citoyens un rôle direct dans les activités du gouvernement et d'inverser les priorités en matière de dépenses sociales. C'est dans ce contexte que le budget participatif est né et qu'il a initialement été mis en œuvre dans plusieurs villes brésiliennes (Shah, 2007). En 2005, le budget participatif existait dans plus de 300 municipalités dans le monde. En Tunisie, le budget participatif a été introduit pour la première fois en 2014 dans quatre municipalités, à savoir La Marsa, Menzel Bourguiba, Tozeur et Gabès, à l'initiative de l'association Action Associative. En 2015, Manouba, Gafsa et Sfax se sont ajoutées à cette liste, ainsi qu'en 2016, Ben Arous, Kef, Sbeitla et Ettadhamen. Aujourd'hui, 19 municipalités ont adopté le mécanisme du budget participatif (Béja, Kélibia, Sidi Bou Said, Nabeul, Monastir, Ariana, Sidi Bouzid, Raoued) (La Presse.tn, 2017). Selon Action Associative, le budget participatif « vise à la construction d'une relation de confiance entre les citoyens et les institutions municipales […] par la participation des citoyens au processus de la prise de décision […] et par la mise en œuvre de mécanismes de transparence et de redevabilité au sein des municipalités » (Action associative, (n.d.)).

L'association Action Associative a accompagné les municipalités dans la mise en œuvre du budget participatif selon une méthode précise (voir Encadré 3.4). Elle a dans ce but formé à la fois les agents des municipalités et des citoyens, chargés d'agir en tant que facilitateurs.

Encadré 3.4. Étapes du budget participatif en Tunisie

Plusieurs communes tunisiennes ont adopté le mécanisme du budget participatif. On trouve dans le monde une multitude d'approches pour mettre en œuvre le budget participatif. En Tunisie, l'association Action Associative est un acteur-clé qui informe et dispense une formation selon une méthodologie bien définie. Le budget participatif se déroule ainsi selon les étapes décrites ci-dessous.

Le processus débute souvent avec une décision officielle du conseil municipal d'ouvrir une ligne budgétaire pour le budget participatif. Ensuite, un accord entre la société civile et la municipalité est signé qui définit les règles de coopération.

La première phase est la phase de communication et de sensibilisation au budget participatif et à la possibilité de s'engager dans le processus. Ensuite, des forums sont organisés dans les différentes zones d'habitation, animés par des facilitateurs locaux proposés par les associations signataires à titre bénévole des conventions. Les facilitateurs ont aussi pour rôle d'informer et de sensibiliser les citoyens à travers des flyers, des messages diffusés par des haut-parleurs, des visites à domicile, etc.

Chaque forum dure deux jours, d'ordinaire le samedi et le dimanche. Le samedi est consacré à la présentation du budget participatif, des projets prévus, des réalisations et des finances locales par la mairie ou le service technique. Le dimanche sert à une discussion entre les citoyens afin qu'ils puissent présenter leurs besoins et voter les projets. À l'issue du forum, trois délégués, obligatoirement une femme, un homme et un jeune, sont choisis pour représenter la zone d'habitation/arrondissement auquel ils doivent rendre des comptes.

Après le vote dans tous les quartiers, un forum des délégués est organisé au cours duquel sont votés les projets qui seront ensuite adoptés par le conseil municipal.

La méthodologie prévoit également l'implication des citoyens dans la phase de mise en œuvre. Des comités de citoyens de suivi sont formés afin de suivre la passation des marchés et l'exécution des travaux.

De plus, plusieurs municipalités, dont La Marsa, Menzel Bourguiba, Gabès, Tozeur, La Manouba, Sfax, Gafsa ont signé un accord d'entraide intercommunale sur le budget participatif. Ce réseau intercommunal a pour but le soutien et la pérennisation du budget participatif.

Sources : Jaouahdou, 2016, Action associative, (n.d.)

À La Marsa où le budget participatif a été lancé par l'arrêté municipal du 9 janvier 2014 et où une première édition d'un budget de 550 000 dinars a été affectée à des projets d'éclairage public, le montant du budget participatif atteint actuellement 10% du budget total d'investissement. À Sfax, le conseil municipal a décidé le 25 février 2015 d'affecter 3 millions de dinars du budget d'investissement au budget participatif. Les catégories de services soumis au budget participatif sont à La Marsa l'éclairage public, la voirie, l'évacuation des eaux pluviales et les trottoirs et à Sfax la voirie, l'éclairage public et le pavage. Selon l'administration, ce processus de participation a contribué à l'amélioration des relations entre les citoyens et leur administration locale et à la construction d'un rapport de confiance. Le budget participatif est vu comme un moyen d'apprendre la démocratie et un moyen de lutte contre la corruption car il instaure un contrôle et un suivi par les citoyens. Il a également contribué à l'amélioration des infrastructures en répondant aux besoins prioritaires des communautés. Cependant, pour instaurer une confiance sur le long terme, il a besoin de continuité et de crédibilité, notamment par la mise en œuvre des projets choisis par les citoyens.

Quelques années d'expérience du budget participatif à La Marsa et la mise en œuvre de ce projet à Sfax en 2015 ont également mis en évidence un certain nombre de défis. Malgré les efforts de communication et l'exigence qu'un délégué soit un jeune, les responsables de La Marsa ont évoqué l'absence de jeunes dans le processus. En outre, des délais dans la mise en œuvre et l'exécution des projets mettent en danger la confiance établie. Quant aux services techniques, responsables de l'exécution, ils ne sont pas associés au processus de budget participatif, ce qui réduit leur soutien et leur engagement pour le dialogue avec les citoyens. Certains ont évoqué cette culture du travail entretenue par eux-mêmes et l'absence de valorisation du savoir-faire des citoyens et de la société civile comme raisons de la méfiance entre l'administration et les citoyens.

Dans le but d'instaurer la confiance des citoyens et de la société civile, il serait utile d'augmenter la transparence qui entoure l'action municipale, en particulier en ce qui concerne les délais de mise en œuvre des projets. Cette démarche requiert une approche systématique de suivi et d'évaluation de la mise en œuvre des projets. La ville de Paris, par exemple, qui a adopté le processus du budget participatif, permet le suivi sur son site web de la réalisation des projets votés. Le site indique si un projet a été réalisé et dans quelle phase de réalisation il est (démarrage, études et conception, lancement des procédures, réalisation des travaux, livraison et inauguration).

Néanmoins, le budget participatif est une initiative utile, jugée positive par la plupart des membres de l'administration et par la société civile de La Marsa et de Sfax. Toutefois, le budget participatif comporte aussi le risque que les initiatives du gouvernement ouvert se focalisent seulement sur ce processus alors que la participation à d'autres actions municipales, à des activités plus structurantes telles que les réunions du conseil municipal et la transparence de l'administration locale dans son ensemble sont négligées. De toute façon, l'avenir du budget participatif est incertain depuis la mise en œuvre des processus entourant le plan annuel d'investissement dans le cadre de PDUGL.

Le budget participatif permet aux citoyens de décider des projets de proximité. Le PAI exigé dans le cadre de PDUGL englobe en revanche tous les investissements de la municipalité, à savoir les projets de proximité, les projets structurants et les projets administratifs. La méthodologie du PAI prescrit la participation, mais un niveau de participation – la consultation – qui donne moins de pouvoirs de décision aux citoyens que le budget participatif, lequel implique la codécision. Depuis 2016, toutes les municipalités, y compris les municipalités ayant adopté le budget participatif, sont obligées d'élaborer leur PAI selon la méthodologie prescrite par la CPSCL. Cependant, entretemps, l'expérience du budget participatif a créé une communauté d'agents publics, de conseillers municipaux et d'organisations de la société civile convaincue de la valeur ajoutée du budget participatif et du droit des citoyens de participer aux décisions de la municipalité et persuadée que l'abrogation du processus budget participatif n'est pas une option. Les municipalités ont alors essayé de combiner les deux méthodes. À La Marsa et à Sfax, les projets de proximité ont été décidés conjointement avec les citoyens. De fait, La Marsa avait déjà terminé le processus du budget participatif pour choisir les projets avant la consultation obligatoire pour le PAI. Les choix des citoyens ont alors constitué la base du PAI. Actuellement, la coexistence des deux méthodes crée des confusions. D'une part, le processus du budget participatif permet une participation plus forte (codécision, participation au diagnostic, suivi de l'exécution des projets, contrairement à une consultation publique pour le PAI), mais, d'autre part, le PAI couvre des projets structurants et administratifs pour lesquels le processus de budget participatif n'est pas adapté. L'Association Action Associative, en coopération avec les municipalités ayant adopté le budget participatif, plaide pour la fusion des deux mécanismes, ce que la CPSCL refuse. Or, étant donné son pouvoir financier, celle-ci a les moyens d'obliger les municipalités à n'appliquer que le PAI.

Ces développements soulèvent des questions sur la portée de la participation citoyenne qui devraient faire l'objet d'un consensus. Ces questions incluent : quel devrait être le rôle des citoyens, à quel point devraient-ils participer à la gestion de la municipalité ? La participation des citoyens dans l'élaboration des projets structurants et administratifs est-elle souhaitée ? Les citoyens sont-ils assez bien informés et capables d'agir pour l'intérêt général ? Quel rôle et responsabilité restent aux élus et au conseil municipal si les citoyens décident de tous les investissements ? Une participation accrue, en forme de codécision, risque-t-elle d'obliger la municipalité à mettre en œuvre les priorités des citoyens (ou encore d'une partie des citoyens ayant participé) au lieu de ses propres priorités et qu'est-ce que cela implique en termes de responsabilité ? En même temps, les municipalités ayant expérimenté des mécanismes de participation ne peuvent plus revenir en arrière, la société civile et les citoyens demandant leur droit de participation. Comme le remarque l'étude de l'UE, « un enjeu de pouvoir a commencé à se dessiner entre les acteurs étatiques et la société civile sur leurs rôles et prérogatives futurs » (Nicolás Adán, J.-E., Ben Hassen, S. et Doggui, 2014). La Charte parisienne de la participation propose un cadre commun entre la ville et ses citoyens qui établit les droits et obligations de chacun (voir Encadré 3.5).

Encadré 3.5. La Charte parisienne de la participation

La Ville de Paris s'est dotée d'une charte de la participation en 2009 afin de créer un cadre commun et de renforcer la participation. Considérant les développements à mettre en œuvre depuis sa création, cette Charte, a été révisée en se basant sur un processus participatif. Une nouvelle Charte a été adoptée en 2018.

La Charte contient les points-clés suivants.

POUR UNE PARTICIPATION DE TOUT :

1. Ce que participer veut dire.

2. Une participation libre et inclusive.

3. Une participation connue de toutes et tous.

4. Une participation plus lisible.

TRANSPARENCE ET PRISE EN COMPTE DE LA PARTICIPATION

5. Transparence et contrat participatif.

6. Renouveler et mettre en lien les instances citoyennes.

7. Renforcer la place des Parisiens dans la politique municipale.

AVENIR DE LA PARTICIPATION ET VIE DE LA CHARTE

8. Promouvoir les Agoras et l'expérimentation publique.

9. Inscrire la culture participative dans la durée.

10. Faire vivre la Charte.

Source : Mairie de Paris, 2018.

La participation citoyenne dans la planification stratégique

Le budget participatif et le PAI ne représentent que deux des mécanismes de participation même ils sont actuellement les plus débattus et qu'ils attirent le plus l'attention de la municipalité et des citoyens à La Marsa et à Sfax. L'implication des citoyens dans d'autres processus et décisions de la municipalité est tout aussi importante.

Le budget participatif et le PAI permettent néanmoins la participation dans une partie limitée des activités municipales. À Paris par exemple, la consultation publique de tous les grands projets municipaux est envisagée. En fait, la participation citoyenne s'est développée et remonte aux années 1960, en particulier dans le domaine de l'aménagement urbain où les citoyens ont demandé un droit de participation. Faisant suite à la nouvelle Constitution, le projet de Code de l'urbanisme et de l'aménagement du territoire tunisien (CATU) prévoit également une approche participative de la politique de l'urbanisme (Articles 40 et 77). La participation des citoyens n'était ni prévue dans la loi organique des communes ni dans le CATU de 1994. L'élaboration du plan d'aménagement urbain (PAU) dont les communes sont chargées représente alors une occasion de participation (Turki, S.Y. et Mahjoub, 2014). Le projet de Code des collectivités locales prescrit également une approche participative pour le PAU (Article 228).

- **Article 40:** de l'approche participative. L'élaboration et l'exécution de la politique de l'urbanisme se font avec des approches participatives et en concertation avec les différents intervenants concernés, notamment par la consultation de conseils ou de commissions où les populations et collectivités locales intéressées sont représentées, ainsi que les organismes socio-économiques et les associations les plus représentatives dans le domaine de l'aménagement du territoire et de l'urbanisme.

- **Article 77:** de l'approche participative. Un débat peut avoir lieu au sein du conseil communal sur les orientations générales du projet de plan de développement urbain avant son examen par les entreprises et établissements publics concernés. Dans le cas d'une révision, ce débat peut aussi avoir lieu lors de la mise en révision du plan de développement urbain. Le débat peut associer les habitants, les associations locales et les autres personnes concernées, pendant toute la durée de l'élaboration du projet dudit plan. Le président du conseil communal peut recueillir l'avis de tout organisme ou association compétent en matière d'aménagement du territoire, d'urbanisme, d'environnement, d'architecture, d'habitat et de déplacements[9].

Actuellement, La Marsa, Sfax et Sayada n'ont pas encore développé d'approches participatives d'élaboration du PAU. La Marsa est en train de réviser son PAU, un processus pour lequel des experts ainsi que des institutions nationales ont été associées. Les citoyens auront la possibilité de présenter leurs remarques une fois que le plan aura été élaboré.

Depuis 2014, la municipalité de Sayada mène des enquêtes sur son site web permettant aux citoyens de donner leurs avis principalement sur les projets d'infrastructure et de voirie. Les résultats sont ensuite présentés au conseil municipal pour appropriation. La consultation se déroule en plusieurs phases : premièrement un panier de projets est proposé que les citoyens classent par préférence ; ils sont ensuite invités à choisir les détails des projets. Le revêtement des certaines rues a par exemple été décidé par ce mécanisme. Cependant, ce processus est encore marqué par une faible participation et un manque d'explication des choix et enjeux des enquêtes publiques. À Sfax, les sept municipalités du Grand Sfax ont vécu une expérience de participation avec l'élaboration de la Stratégie pour le développement de Sfax 2007-2016 qui s'est fondée sur un diagnostic participatif de la situation actuelle (Bennasr, A., Megdiche, T. et Verdeil, 2013; Hadj, 2008).

La Marsa, Sfax et Sayada témoignent d'un esprit innovateur dans la manière dont elles ont instauré des pratiques de gouvernement ouvert. Il serait utile d'en tirer les leçons retenues et les bonnes pratiques, afin que ces expériences ainsi que la confiance établie à travers le budget participatif et le partenariat à Sayada puissent servir de base pour l'instauration de mécanismes structurés de consultation publique et de dialogue avec toutes les parties prenantes des grands projets municipaux et des plans d'aménagement urbain. Une participation plus structurée gagne encore en importance avec l'adoption du code des collectivités locales et le transfert des nouvelles compétences aux communes. Les expériences de la ville d'Alcobendas en Espagne en matière de participation dans la planification stratégique peuvent servir de source d'inspiration en la matière (voir Encadré 3.6).

Encadré 3.6. Participation à la planification stratégique à Alcobendas, Espagne

En 2013, le conseil de la municipalité d'Alcobendas a approuvé le plan stratégique «Concevoir Alcobendas 2020 » (*"Diseña Alcobendas el futuro que queremos"*). Le plan comprend 38 projets répartis en cinq catégories stratégiques (promotion de la ville, développement économique, innovation, éducation et emploi ; développement durable ; bonne gouvernance, gestion transparente et responsable ; responsabilité sociale et qualité de vie) qui ensemble définissent une vision pour la ville.

Un des objectifs principaux était l'implication de toutes les parties prenantes dans le processus. En se fondant sur les mécanismes de participation définis dans la réglementation sur la participation citoyenne, le plan a été élaboré en suivant les étapes suivantes :

- L'élaboration d'un rapport diagnostic et une enquête sur les stratégies préférées. Ces deux documents ont été publiés sur le site web et dans la presse locale et ont été expliqués lors de tables rondes avec les citoyens.

- Des experts ont été invités pour discuter chaque thématique afin d'apporter des conseils et d'aider à définir l'opinion publique.

- Sur la base de ces informations, des groupes de travail utilisant la méthodologie SWOT ont été appelés à définir leur vision d'Alcobendas, à proposer et à élaborer des projets à inclure dans le plan stratégique.

- 513 propositions de projets ont été présentées en personne et par le site web, à l'initiative d'individus ou d'entreprises. Ces personnes ou sociétés privées ont eu la possibilité de présenter et défendre leurs projets devant le public.

- Les projets ont été regroupés selon les thématiques et les parties prenantes les ont classées par ordre de priorité lors du conseil social de la municipalité. Elles ont utilisé deux critères : l'utilité pour les citoyens et la viabilité du projet.

- Le plan final a été présenté devant le conseil social de la municipalité et approuvé par le conseil municipal.

Tous les participants ont eu un retour sur leurs propositions. Au total, 320 personnes ont participé au processus, soit en leur propre nom, soit en tant que représentants d'institutions, associations ou entreprises. Toute la documentation sur le plan stratégique est disponible sur le site web (www.alcobendas.org/es/portal.do?TR=C&IDR=2295) : PV des réunions, analyse SWOT, etc. Des rapports de suivi et évaluation sont également publiés sur le site web (site de l'observatoire de la ville) afin de permettre aux citoyens de s'informer sur l'état d'avancement des projets (terminé, en cours, retardé, non activé).

Source : Lino Ramos Ferreiro, Jefe de Planificación y Evaluación, Ayuntamiento de Alcobendas.

Participation aux réunions du conseil municipal

L'ouverture des séances du conseil municipal au public est une pratique courante dans les villes des pays de l'OCDE. Cette publicité permet aux citoyens de suivre l'action municipale de près, d'être informés et d'évaluer la capacité de la municipalité à gérer les affaires de la commune. En Tunisie, les sessions ordinaires du conseil municipal sont, en principe, publiques. Des réunions préliminaires sont organisées afin de permettre aux citoyens d'exprimer leurs avis. Les réunions des commissions sont également publiques. Ces clauses sont encore renforcées dans le code des collectivités locales qui stipule que «lors des séances du conseil municipal, une place est obligatoirement réservée aux médias ainsi qu'aux composantes de la société civile » (Article 219). Les communes sont tenues d'en informer les citoyens par divers moyens.

Malgré l'importance des réunions du conseil pour la vie de la municipalité et pour ces opportunités de participation, les trois communes – La Marsa, Sfax et Sayada – constatent une faible participation générale de la population aux réunions, une réticence et un désintéressement envers la vie municipale. Les participants sont toujours les mêmes personnes qui en profitent aussi pour faire entendre leurs réclamations. Les réunions du conseil sont annoncées à travers des banderoles et par la presse locale ; l'invitation aux commissions cible, quant à elle, directement les acteurs intéressés – les chambres de commerce, les syndicats, les associations – et, par conséquent, dans des communes comme Sfax, elle rencontre une plus grande participation. Sfax reconnaît par contre que la publicité sur les réunions des commissions reste faible – le calendrier n'est pas publié à l'avance et les réunions sont préparées de manière spontanée, ce qui réduit la possibilité d'une plus grande participation. Les engagements des trois communes pour construire un meilleur dialogue avec les citoyens et pour créer un climat de confiance ont tout de même eu un impact positif sur la participation aux réunions des conseils. La Marsa constate une plus grande participation depuis le budget participatif, surtout de la part des citoyens impliqués dans son processus d'élaboration, et, à Sayada, les citoyens demandent au conseil municipal des discussions autour de certains sujets comme ceux relatifs au littoral. Les procès-verbaux des réunions sont d'habitude affichés dans les locaux de la municipalité et dans certains cas aussi publiés sur le site web. Encadré 3.7 présente des approches innovantes afin d'augmenter la participation. Les municipalités pourraient renforcer leurs efforts d'utilisation des technologies de l'information et de la communication – notamment les réseaux sociaux numériques – pour une participation accrue aux réunions des conseils municipaux. Les conseils municipaux et ses commissions gagneront davantage en légitimité avec les élections municipales et deviendront par conséquent des lieux importants pour les décisions municipales. Les conseillers organisent aussi des permanences ou des portes ouvertes – une pratique courante dans de nombreuses villes des pays de l'OCDE – qui ne connaissent encore qu'une faible affluence.

Encadré 3.7. Pratiques innovantes de participation utilisant les technologies de l'information et de la communication

Participation aux réunions du conseil municipal

À Grenoble, les réunions du conseil municipal sont transmises sur YouTube en live, avec interprétation en langage des signes. Elles sont disponibles à la médiathèque sur le site web.

Participation via Facebook au Maroc

À travers leur projet Nouabook – une plateforme en ligne qui permet de communiquer avec les députés – l'association SIM SIM propose des débats avec des parlementaires sur Facebook. Les débats d'environ une heure se concentrent sur des thématiques spécifiques, telles que la question des femmes (4e débat), et sont disponibles en live sur Facebook. Les citoyens ont la possibilité de suivre le débat, de laisser des commentaires et questions. Les débats arrivent à rassembler un public assez important. Le quatrième débat (13 juillet 2017) a été regardé plus de 60 000 fois et le 3e (29 juin 2017) presque 40 000 fois.

Source: Ville de Grenoble, (n.d.), www.facebook.com/Nouabook/videos/726927920825378/?hc_ref=ARRcj0IjJMDg7DRgZanve5NHBrvcJrI-nXnfOJ9ET8xjEYuGvaKmwZ05I6N6QzyUuuo.

Les réclamations

Les réclamations représentent un autre moyen d'interaction entre administration locale et citoyens. Elles permettent aux citoyens de faire entendre leur voix et leur avis sur la qualité du service administratif. Le système de réclamations existait longtemps avant la révolution. Le décret n° 93-982 du 3 mai 1993 relatif à la relation entre l'administration et ses usagers fait référence à l'obligation de réponse aux réclamations relatives aux prestations administratives des collectivités locales. Le programme PDUGL exige une personne responsable du mécanisme de gestion des plaintes dont le rôle est bien défini dans le Guide sur les mécanismes de gestion des plaintes. Les communes reçoivent les réclamations par des voies diverses, y compris des courriers et des emails, par l'intermédiaire du bureau des relations avec les citoyens lorsqu'il existe et via Facebook. La commune de La Marsa a aussi instauré un système de réclamations en ligne[10] et Sfax reçoit des réclamations par l'intermédiaire des radios locales. De plus, Sfax a mis en œuvre un site (https://sfax.crowdmap.com/) pour soumettre des réclamations pour lesquelles on peut préciser l'emplacement de la demande d'intervention sur la carte de la commune. Les intentions sont estimables mais, en raison de la faible utilisation des mécanismes mis en place, les résultats demeurent attendus. Aucune des trois communes n'a la capacité de collecter de statistiques sur les réclamations et sur les réponses. D'après leur expérience, une grande partie des plaintes concerne la police municipale, en rapport par exemple aux infractions relatives aux chantiers. Depuis 2011, la police municipale n'est plus sous l'autorité de la municipalité, ce qui a pour effet que ces plaintes ne relèvent plus de la municipalité mais dépendent du bon vouloir de la police municipale. La lenteur d'intervention met l'administration locale dans une situation délicate face aux citoyens qui attendent des réponses rapides à leurs réclamations.

La participation d'acteurs spécifiques

La participation d'acteurs de tous les milieux sociaux et de tous âges est une précondition afin d'assurer que les politiques publiques répondent aux besoins de tous et que chaque groupe social ait l'opportunité de s'exprimer et de faire entendre sa voix. Toutefois, les efforts de participation citoyenne au niveau national comme au niveau local, en Tunisie ou dans d'autres pays, sont confrontés à ce défi. L'OCDE identifie deux groupes principaux qui ne participent pas : les parties prenantes désireuses de participer mais ne pouvant pas et les parties prenantes capables de participer mais n'étant pas désireuses. Par conséquent, des efforts supplémentaires sont nécessaires afin d'abaisser les barrières à la participation et afin de la rendre plus attractive (OCDE, 2009). Encadré 3.8 identifie divers mécanismes utilisés par l'Office de consultation publique de Montréal afin d'élargir la participation.

Encadré 3.8. Comment élargir la participation au processus de consultation publique

La capacité et l'intérêt à participer à la prise de décisions collectives varient en fonction des personnes. Du point de vue des institutions démocratiques, il est possible d'adopter une approche passive – recevoir et entendre ceux et celles qui répondent naturellement à l'appel – ou active en mettant en place divers moyens recherchant la participation de tous ceux qui sont concernés par les enjeux traités.

Une approche active se détermine dès le début, au moment de la conception de la démarche de consultation. Elle commence par une cartographie des personnes et groupes concernés par l'enjeu de la consultation et par une évaluation des différentes entraves à la participation. Ces dernières peuvent être de plusieurs ordres telles que:

- la méfiance à l'égard des décideurs

- le manque d'information

- le manque de disponibilité

- la distance et l'accessibilité des lieux de consultation

- le désintérêt

- la complexité des formes de participation

- le sentiment d'exclusion.

À l'évidence, il n'existe pas de forme de participation qui s'adresse à tous. Il faut donc se tourner vers une approche multicanale. Pour illustrer ces différentes méthodes, on trouve ci-dessous des exemples d'activités participatives qui ont été organisées dans le cadre de

---

la consultation de l'Office de consultation publique de Montréal (OCPM) sur la réduction de la dépendance aux énergies fossiles (http://ocpm.qc.ca/energies-fossiles/).

Auditions publiques d'opinions

Format, traditionnellement utilisé par l'OCPM, par lequel des citoyens ou groupes s'inscrivent pour présenter devant une commission leurs opinions concernant le thème débattu. Ce type de participation est formel et permet une participation relativement experte. Par contre, il est peu flexible (lieu et moment fixés) et certains peuvent trouver intimidante la présentation orale devant le public.

Activités contributives citoyennes

Sous la forme d'une trousse d'animation qui propose une démarche et de l'information pour traiter du thème débattu. Cette formule est très facilement adaptable selon les groupes et peut prendre une dimension ludique. Elle ne présente pas de contrainte de lieu ou d'horaire. Cette approche a été testée avec succès auprès de groupes variés tels que les associations, les cercles d'amis, les écoles, les groupes de parents, et ce quelque soit le niveau de littéracie et à divers niveaux de maîtrise de la langue.

Plateforme de consultation en ligne

Un outil en ligne qui permet de se renseigner sur le thème de la consultation et de contribuer par l'expression d'idées et d'opinions. Il est plus facile de rejoindre un grand nombre de participants, surtout en ayant recours aux réseaux sociaux numériques. Les citoyens ont ainsi la possibilité de participer à tout moment et en tout lieu.

Marathon créatif

Des approches créatives peuvent être la meilleure façon de faire participer certains publics. Dans le cas du Marathon créatif organisé par l'OCPM, la contribution de la communauté de l'innovation montréalaise était souhaitée. Ayant peu de contacts dans ce milieu et une faible connaissance de leurs pratiques, ces groupes ont été invités à concevoir eux-mêmes la manière par laquelle ils seraient consultés. Le résultat a été obtenu à travers une série d'événements apparentés à des Hackathons au cours desquels des équipes travaillaient à réaliser des prototypes de solutions pour réduire la dépendance aux énergies fossiles. L'étape finale s'est concrétisée par une présentation devant la commission et des représentants de la ville.

Source : Guy Grenier, 2017, Coordonnateur de démarches participatives, Office de consultation publique de Montréal.

La participation des jeunes

La Constitution de 2014 met l'accent sur les jeunes en reconnaissant que « la jeunesse est une force active dans la construction de la patrie » et en stipulant que l'État « encourage les jeunes à assurer leurs responsabilités et à élargir leur contribution au développement social, économique, culturel et politique » (Article 8). De plus, elle stipule que « la représentation des jeunes au sein des conseils des collectivités locales » est garantie (Article 133). La Tunisie reconnaît ainsi que les politiques publiques doivent être conçues et mises en œuvre avec la participation des jeunes afin de répondre à leurs besoins et de les rendre acteurs du développement national et local. Cependant, en termes de participation citoyenne, les initiatives méritoires de La Marsa, Sfax et Sayada n'ont pas réussi à impliquer les jeunes. Selon les entretiens réalisés au cours des missions de février et mars, les représentants communaux ont été contraints de constater que, de façon générale, il existe un manque de mobilisation et de participation active des jeunes aux thématiques débattues lors du budget participatif et lors des réunions du conseil, malgré l'obligation qu'un des trois délégués du budget participatif soit un ou une jeune. Les maisons de jeunesse appartiennent aux municipalités et elles pourraient constituer un lieu d'interaction avec les jeunes, mais ces lieux sont sous la tutelle du ministère de la Jeunesse et des Sports, ce qui demande une coordination directe entre la municipalité et le niveau national. À Sayada, la maison des jeunes est en chantier depuis deux ans, ce qui réduit les lieux d'activités avec les jeunes. Le projet CoMun de la GIZ essaie de répondre aux défis d'une politique locale d'intégration et d'inclusion en proposant des formations sur l'implication des jeunes et en élaborant des projets communs entre les municipalités et les jeunes. Dans le cadre du plan d'action nationale du gouvernement ouvert, le ministère de la Jeunesse et des Sports s'est engagé à mettre en œuvre des conseils de jeunes au niveau local. L'ensemble de ces initiatives peut servir à concevoir des approches et des stratégies plus cohérentes d'engagement des jeunes dans la vie municipale. « Penser jeunes » impliquera de cibler la communication envers les jeunes, d'utiliser des moyens qui leur parlent, de mettre en œuvre des structures innovantes de participation, de présenter les enjeux de la municipalité d'une manière qui les rende pertinents et de renforcer la capacité des jeunes en la matière. Encadré 3.9 présente quelques bonnes pratiques de participation des jeunes dans les communes des pays de l'OCDE. Des actions ciblées afin d'inclure les jeunes et les groupes marginalisés sont nécessaires. Des partenariats avec les associations qui les représentent pourraient servir à mieux les impliquer.

Encadré 3.9. Pratiques innovantes en matière d'implication des jeunes dans les municipalités

En France, à Paris, le Conseil parisien de la jeunesse, créé en 2003, est une instance de démocratie participative. Il vise à associer les jeunes parisiens à l'élaboration des politiques municipales, à éclairer la municipalité dans ses décisions de manière à mieux prendre en compte les besoins et les attentes des jeunes parisiens et à aider la collectivité à innover et à imaginer des solutions pour accompagner les jeunes Parisiens vers l'autonomie. Il est composé de 100 jeunes âgés de 15 à 30 ans qui se réunissent en formation plénière deux fois par an et en réunions pour les différents travaux. Les candidats sont choisis par tirage au sort. La Mairie de Paris saisit le Conseil pour obtenir leur avis sur divers sujets qui sont présentés aux élus.

En Belgique, les « Centres de jeunes » sont des associations implantées au niveau local ayant pour objectif de favoriser le développement d'une citoyenneté critique, active, responsable et solidaire, principalement chez les jeunes de 12 à 26 ans, par une prise de conscience et une connaissance des réalités de la société, des attitudes de responsabilité et de participation à la vie sociale, économique et culturelle. Ces centres développent une politique de jeunesse locale et encouragent la mise en œuvre et la promotion des pratiques socioculturelles et de création. Les activités dans lesquelles ces associations choisissent de s'investir sont très diverses. Il s'agit notamment d'actions ou de projets ayant trait aux pratiques artistiques, à la question de l'égalité des chances, aux technologies de l'information et de la communication, aux pratiques sportives alternatives, etc. Certains centres de jeunes sont à l'origine d'initiatives d'actions locales de développement, telles que l'organisation de conseils communaux de jeunes, d'aide aux devoirs ou d'actions en milieu ouvert pour des jeunes en situation précaire.

Au Québec, les maisons de jeunes, membres du Regroupement des maisons de jeunes du Québec (RMJQ), sont des associations de jeunes et d'adultes qui se sont donnés pour mission, sur une base volontaire, d'entretenir dans leur communauté un lieu de rencontre animé où les jeunes de 12 à 17 ans peuvent développer leurs capacités et leurs connaissances en matière de citoyenneté. Elles offrent aux jeunes la possibilité de prendre des responsabilités et de s'engager dans des projets d'activités culturelles, éducatives et sportives, de sensibilisation, d'information et de promotion de la santé qui les intéressent et qui se veulent utiles à la communauté.

Sources : Mairie de Paris, (n.d.) et autres sources de Belgique et du Québec.

Vers une relation de confiance entre citoyens et administration locale

Ces initiatives de participation sont louables compte tenu du fait que, avant la révolution, la communication directe entre les citoyens et l'administration ne faisait pas partie de la culture politique et administrative. Cependant, ces initiatives doivent faire face à un manque de confiance mutuelle: tout d'abord, depuis l'ancien régime, les citoyens manquent de confiance envers la classe politique et l'administration. Le fait que le gouvernement tarde à mettre en œuvre la démocratie locale et est encore confronté à des problèmes de corruption, diminue sa crédibilité auprès de la population tunisienne. De plus, l'administration manque de confiance envers les citoyens qui ne payent pas tous leurs impôts locaux et envers la société civile que certains accusent de servir des intérêts particuliers. Une étude de 2014 commandée par l'Union européenne identifie des défis similaires. Ces défis pour la démocratie participative incluent notamment :

- « Le sentiment d'une faible volonté de collaboration de la part des acteurs étatiques;

- Le sentiment d'une déconsidération de la société civile par les acteurs étatiques qu'on écoute à peine ;

- Le sentiment d'instrumentalisation des associations par les acteurs étatiques ;

- Le sentiment d'une faible volonté de collaboration des organisations de la société civile avec les acteurs étatiques ;

- Le sentiment que la société civile cherche à servir ses intérêts davantage que l'intérêt général ;

- Le sentiment d'absence de légitimité et de représentativité de la société civile » (Nicolás Adán, J.-E., Ben Hassen, S. et Doggui, 2014)

Les municipalités et la société civile essaient de rompre avec la culture d'une administration fermée et d'établir de nouveaux mécanismes d'interaction. Cet engagement a pu faire émerger des pratiques de gouvernement ouvert, mais afin d'instaurer une nouvelle culture et de faire du gouvernement ouvert les principes directeurs de l'administration locale, des efforts supplémentaires restent nécessaires. Une vision commune des rôles de chaque acteur, de l'administration locale, des citoyens et de la société civile, aidera à mettre en œuvre la culture du gouvernement ouvert. Le Code des collectivités locales peut également servir à aller dans ce sens, car il établit une multitude de mécanismes de transparence, de participation et de responsabilité et reconnaît l'importance des citoyens, de la société civile et des médias dans les affaires municipales.

En particulier, il met l'accent sur la démocratie participative qui devient la manière dont les affaires municipales doivent être gérées. L'inclusion des principes de gouvernement ouvert dans le cadre légal est une pratique qui existe également dans d'autres pays de la région MENA et de l'OCDE et peut renforcer la mise en place de ces pratiques. On peut citer la loi organique n° 113-14 relative aux communes, adoptée en 2015 au Maroc, qui contient des propositions relatives à la transparence, à la participation et à la reddition de comptes. Le Chapitre V relatif aux mécanismes participatifs de dialogue et de concertation est également à mentionner. Il demande la mise en place de mécanismes participatifs de dialogue et de concertation ainsi que la création d'une instance consultative. La loi sur les collectivités locales de la Nouvelle-Zélande (2002) contient également des provisions relatives à la participation, y compris des principes de consultation (Article 82), et le Code municipal du Costa Rica prévoit dans son Article 5 la participation active de la population. Encadré 3.10 énumère les plus importantes prérogatives de la gouvernance ouverte du Code des collectivités locales en Tunisie.

Encadré 3.10. Prérogatives les plus importantes en matière de gouvernance ouverte du Code des collectivités locales

Le Code consacre tout un chapitre (Chapitre 5) à la démocratie participative et à la gouvernance ouverte. De plus, on retrouve tout au long du texte des clauses sur la transparence, la participation citoyenne et la responsabilité.

Chapitre 5 : La démocratie participative et la gouvernance ouverte

- Dans l'établissement des programmes de développement et d'aménagement du territoire, les collectivités locales recourent obligatoirement aux mécanismes de la démocratie participative.

- Le conseil de la collectivité locale assure une participation effective à tous les résidents et à la société civile durant les différentes phases de préparation des programmes de développement et d'aménagement du territoire, de suivi de leur exécution et de leur évaluation.

- Les collectivités locales peuvent refuser tout programme de développement contraire aux dispositions de cet article. Toute décision prise par la collectivité locale en violation des dispositions du présent article est susceptible de recours par voie de poursuite pour excès de pouvoir.

- La collectivité locale tient sur sa demande un registre des composantes de la société civile concernées par les affaires locales.

- La collectivité locale dispose d'un registre spécial relatant les avis des habitants et des réponses à ces questions.

- Les projets organisationnels sont publiés 15 jours avant la délibération aux conseils élus.

- Le conseil de la collectivité locale peut organiser un référendum sur la préparation des programmes et la réalisation des projets relevant de ses compétences.

- Un dixième des habitants résidant dans la collectivité locale peuvent également proposer l'organisation d'un référendum. Il ne peut être procédé à plus d'un référendum durant le mandat municipal ou régional. Le gouverneur peut s'opposer

---

à l'organisation du référendum devant le tribunal administratif de première instance dans un délai ne dépassant pas un mois à compter de la date de sa notification.

- L'approche proactive est prescrite en matière de transparence et d'accès à l'information concernant:

  o les projets de décisions réglementaires de la collectivité locale ;

  o la gestion financière ;

  o la gestion des biens ;

  o les contrats conclus par la collectivité locale ;

  o les travaux et les investissements projetés par la collectivité locale.

- Les collectivités locales travaillent, en collaboration avec l'Institut National de la statistique, sur l'élaboration d'une base de données statistique locale.

- Les conseils municipaux et régionaux peuvent organiser des rencontres publiques avec les habitants au cours desquelles le conseil apporte des clarifications et les habitants soumettent leurs propositions avant l'adoption des décisions sur certaines thématiques.

- Une réunion peut également être organisée suite au dépôt d'une demande motivée par au moins 10% des habitants inscrits au registre électoral de la municipalité ou de la région.

- Les présidents des conseils locaux et leurs membres chargés de fonctions déclarent leurs biens et intérêts.

Parmi les autres clauses stipulant la gouvernance ouverte, on trouve des points sur la transparence de la gestion de la municipalité :

- principe de transparence et participation en préparant le budget (Article 130) ;

- extrait de PV de délibération affiché et inséré sur le site web (Article 224).

Les mécanismes participatifs lors de l'élaboration des activités de la municipalité:

- le principe du gouvernement ouvert dans la gestion des services publics (Article 75)

- le plan de développement local (Article 105), le programme d'investissement, le programme d'équipement municipal (Article 238) et les plans d'urbanisme (Article 239) sont élaborés selon le mécanisme de la démocratie participative ;

- les commissions adaptent le mécanisme de démocratie participative (Article 212).

et le rôle important des citoyens, de la société civile et des médias :

- la municipalité peut créer une commission spéciale composée de certains représentants de la société civile chargés du suivi du fonctionnement des services publics (Article 78) ;

- chaque arrondissement crée un comité consultatif (Article 229) ;

- deux nouvelles commissions sont créées, celles de la démocratie participative et de la gouvernance ouverte et des médias, de la communication et de l'évaluation (Article 210) ;

- lors des séances du conseil municipal une place est obligatoirement réservée aux médias ainsi qu'aux organismes de la société civile (Article 219).

Source: Code des collectivités locales

Dans le but de mettre en œuvre ces nouvelles prérogatives et de relever le défi de la méfiance, les municipalités pourraient envisager d'engager un dialogue avec la société civile afin d'établir une charte/vision commune, fondée par exemple sur la charte adoptée pour le budget participatif, et une feuille de route pour l'application des clauses sur le gouvernement ouvert incluses dans le Code des collectivités locales. Cette démarche permettrait ainsi d'élargir les mécanismes de participation utilisés (voir Tableau 3.4).

Tableau 3.4. Mécanismes de participation

Nom de l'initiative	Objectif	Nature des thèmes abordés	Organisateur	Durée/Nombre de participants
Réunion publique du XXIe siècle	Conseiller les décideurs au moyen des technologies modernes	Principalement des enjeux locaux, comme le développement communal	Municipalité, agences	1 jour/500-5 000
Enquête évaluative	Impulser un processus de changement, sur la base de succès antérieurs	Processus de changement dans les organisations et la société	Entreprises, municipalités, agences	Flexible
Forum citoyen	Renforcer les compétences démocratiques, lancer un débat de société	Discussions au sujet de questions régionales, nationales et transnationales	Seulement des fondations privées jusqu'à aujourd'hui	Plusieurs semaines/300-10 000
Budget participatif	Inciter les citoyens à participer aux décisions budgétaires	Définition des priorités et des dépenses et consolidation des budgets locaux et communaux	Élus locaux, gouvernement local	Plusieurs mois/ jusqu'à 10 000
Panel citoyen	Conseiller les décideurs	Avis donnés aux hommes politiques et fournisseurs de services, changement à long terme de l'opinion publique	Élus locaux, gouvernement local et autres parties prenantes	3-4 ans (jusqu'à 4 enquêtes annuelles)/500-2 500
Conseil des citoyens	Influencer les débats dans la société, conseiller les décideurs	Développement communal et questions locales	Élus locaux, gouvernement local clubs, entreprises	Réunions mensuelles de deux jours/petits groupes de 8-12 personnes
Scrutin délibératif	Transfert d'informations, délibération	Large gamme d'enjeux, du niveau local au niveau transnational	Décideurs politiques	Plusieurs semaines/300-500
Consultation citoyenne européenne	Transférer des informations, influencer les débats de société	Futur de l'Europe, questions locales et européennes	Agences et décideurs politiques	Plusieurs mois/ différents groupes de 25-150 personnes, jusqu'à un total de 1 800 personnes
Conférence de consensus	Échanger entre experts et non-initiés	Questions controversées d'intérêt public, du niveau local et au niveau transnational	Agences	3 jours (+2 week-ends de préparation)/10-30

Forum sur des questions nationales	Transférer des informations, acquérir des compétences	Différentes questions d'organisation publique, à l'échelle locale ou nationale	Municipalités, écoles, universités et autres institutions d'éducation	1-2 jours/10-20
Conférence ouverte	Réfléchir et lancer de nouvelles idées	Virtuellement toute question qui appelle une idée nouvelle ou créative	Entreprises, clubs, agences, institutions communales, établissement d'éducation, Églises, etc.	1-3 jours/flexible (10-2 000)
Planification d'un exercice réel	Réorganiser les espaces communs	Projets de planification urbaine	Élus locaux, gouvernement local, institutions de même type	Plusieurs mois/ flexible
Cellule de planification	Intégrer les connaissances des citoyens aux décisions de planification	Problèmes de planification locale et régionale (planification urbaine, infrastructure)	Élus locaux, gouvernement local, institutions de même type	2-4 jours/flexible (max. 25 personnes par cellule de planification)
Scénario technique	Comparer divers scénarios pour le futur	Anticipation des évolutions à venir et formulation de recommandations à différents sujets, du niveau local au niveau transnational	Entreprises, clubs, institutions, gouvernement local, institutions éducatives, Églises, etc.	1-3 jours/flexible (25-250, max. 30 personnes par groupe)
Café mondial	Mobiliser l'intelligence collective	Virtuellement toute question qui appelle une idée nouvelle ou créative	Entreprises, clubs, institutions, gouvernement local, institutions éducatives, Églises, etc.	Flexible (3 heures à 2 jours)/flexible (12-1 200)
Conférence pour l'avenir	Développer des perspectives communes, acceptées par toutes les parties prenantes	Stratégies et objectifs de long terme dans les organisations et la société	Entreprises, municipalités, institutions	2-3 jours/ idéalement, groupe de 64
Atelier Futur	Approcher de façon créative la résolution de problèmes complexes, développer des perspectives communes sur le futur	Changements de long terme et orientation des processus et projets	Municipalités, institutions, organisations, clubs, etc.	2-3 jours/flexible (max. 25 personnes par groupe)

Même si cette réflexion peut être propre à chaque commune, un échange intercommunal servirait à s'inspirer d'autres expériences. Un dialogue avec le gouvernement national, lequel prépare actuellement un cadre juridique encadrant les consultations publiques, pourrait également s'avérer utile pour définir une vision commune. Ces dialogues aux niveaux local et national aideront à développer une vision commune de la participation citoyenne en Tunisie. Afin d'assurer la continuité, la société civile et les agents publics seront appelés à partager leurs expériences et bonnes pratiques avec le nouveau conseil municipal une fois que ce dernier aura été élu.

Le secteur associatif, les mouvements sociaux et les médias

La participation active des citoyens au développement des communes ainsi que leur capacité à demander des comptes à la municipalité dépend en partie du secteur associatif et de l'existence des médias.

La liberté d'association est un droit constitutionnel (Article 35). Elle est régie par le Décret-loi n° 2011-88 du 24 septembre 2011 portant organisation des associations, qui après la révolution a fixé les conditions de la liberté d'association. Depuis lors, la Tunisie a connu une hausse du nombre d'organisations de la société civile avec, en mai 2017, plus de 20000 associations inscrites au Journal officiel de la République tunisienne. Cependant, selon les responsables de la plateforme jamaity.org, seulement environ 3 000 associations sont véritablement actives dont un grand nombre dépend de financements internationaux (Robert, 2016). De plus, un rapport de l'UE constate que, malgré l'existence d'associations ayant un certain degré de professionnalisme et de technicité, un grand nombre d'entre elles manquent d'expertise et se conçoivent « quoique de manière plus relative, dans une position de bénéficiaire vis-à-vis de l'État et de son administration », suivant ainsi une culture héritée de l'ancien régime (Nicolás Adán, J.-E., Ben Hassen, S. et Doggui, 2014).

Sur l'ensemble des organisations de la société civile en Tunisie, environ 20% sont immatriculées dans le gouvernorat de Tunis où se situe La Marsa, 8% dans le gouvernorat de Sfax et 4% dans le gouvernorat de Monastir où se trouve Sayada. La plupart des associations œuvrent dans les domaines éducatif, culturel et artistique et seulement 3,2% sont actives dans le domaine de la citoyenneté (Centre d'Information, de Formation, d'Etudes et de Documentation sur les Associations, 2017).

Selon les responsables de La Marsa, cette municipalité compte environ 400 associations. Un collectif d'associations de la société civile de La Marsa (voir Graphique 3.9) qui regroupe 16 associations structurées en réseau, ayant signé une charte commune, permet la mise en œuvre collective d'actions importantes. Ce type de réseau facilite non seulement l'activité de la société civile mais aussi l'engagement avec la commune.

Graphique 3.9. Collectif des associations de la société civile de La Marsa

Source : www.facebook.com/CASCMarsa/?ref=py_c

Le nombre d'associations présentes à Sayada est estimé à environ 23 organisations dont la moitié a été créée après 2011. Cependant, toutes les associations et leurs membres ne sont pas actifs. À Sayada, une coordination entre plusieurs associations, environ 8 à 10, œuvre à créer et réaliser des projets à long terme avec la municipalité, notamment sur le littoral ou le port de pêche. Ces associations constatent que le manque d'espace pour se rencontrer représente un défi à leur activité associative. Sfax peut compter sur une société civile très dynamique. De plus, la municipalité soutient les associations en leur allouant des fonds pour financer des activités sur le terrain. Comme le montre (Encadré 3.11), le soutien de l'État ou des municipalités aux associations est une pratique courante dans les pays de l'OCDE.

Encadré 3.11. Soutien à la vie associative dans les communes en France

Dans nombreuses communes en France, la ville propose un soutien à la vie associative afin de l'encourager. Cet appui inclut le soutien financier ainsi que l'expertise, l'accompagnement et la mise à disposition d'outils et de lieux.

La Ville de Champigny-sur-Marne appuie le mouvement associatif à travers :

- « Aide dans les démarches, accompagnement des porteurs de projets.

- Mise à disposition d'outils et de supports méthodologiques.

- Subventions et aides matérielles (prêts de salles, de gymnases, de matériels…).

- Valorisation des actions des associations et des bénévoles et accompagnement dans la mise en œuvre d'événements. »

À Clamart, ce soutien comprend des conseils aux associations sur la gestion, l'aide à la création et des formations pour les responsables.

La commune d'Aubervilliers qui octroie des subventions aux associations demande le respect de certains critères par les associations, y compris les suivants :

- « L'association doit être déclarée en Préfecture et être immatriculée au fichier SIRET.

- Les actions de l'association doivent être à destination des Albertivillariens et participer à la vie locale.

- L'association ne doit pas être une association religieuse ou politique.

- L'association doit respecter les règles de gestion désintéressée et de non lucrativité et fonctionner de manière démocratique, sans discrimination, en favorisant l'égale participation des femmes et des hommes, ainsi que des différentes générations.

- L'association s'engage à fournir à la Ville un bilan financier et un rapport d'activités validés en assemblée générale dans les six mois qui suivent la fin de son exercice. »

Sources : Mairie de Champigny-sur-Marne, (n.d.), Mairie de Clamart, (n.d.), Vie associative-Portail des associations d'Aubervilliers, (n.d.).

Dans un contexte de transition où le pays attend depuis plusieurs années des élections locales, il n'est pas surprenant que plusieurs associations soient accusées d'être politisées et de vouloir se présenter aux élections. Certains acteurs publics expliquent leur méfiance à l'égard des organisations de la société civile par le fait qu'ils considèrent que certaines associations jouent de fait le rôle de partis politiques (Nicolás Adán, J.-E., Ben Hassen, S. et Doggui, 2014).

En conséquence, le développement d'une culture de la transparence, au sein non seulement des municipalités mais aussi du secteur associatif, devient encore plus impératif. Il serait alors utile de mettre en place des normes en matière de transparence et de reddition des comptes. Un échange entre associations tunisiennes, ainsi qu'avec des associations internationales, pourrait servir à définir une charte des associations, incluant des points sur la transparence financière et les conflits d'intérêts.

En plus des associations, il existe aussi des Comités de quartier. Ces structures datent des années 1990 et ont été créées en 1991 lors d'un conseil ministériel. Les comités de quartier étaient considérés comme « un relais dynamique entre les décideurs et les citoyens » et leur objectif était « la mobilisation et la participation des citoyens à l'amélioration des conditions de vie dans le quartier, notamment par une implication de ses membres dans la vie municipale à travers notamment leur participation aux conseils municipaux où ils représenteront les intérêts du citoyen ». Les Comités de quartier ont également été très actifs en ce qui concerne la propreté et l'environnement. Cependant, à l'époque de Ben Ali, les comités de quartier auraient été cooptés et utilisés par le Rassemblement constitutionnel démocratique (RCD) à des fins de contrôle et de propagande (Nicolás Adán, J.-E., Ben Hassen, S. et Doggui, 2014). Après 2011, les Comités de quartier ont continué d'exister et leur rôle est en train d'être redéfini.

Même si la participation citoyenne envisagée dans le cadre du gouvernement ouvert reste faible, la Tunisie suit une ligne globale et se focalise sur la participation des citoyens individuels, des organisations de la société civile ou du secteur privé. L'engagement citoyen s'exprime également par d'autres moyens tels que les mouvements sociaux ou les protestations citoyennes qui ont fortement augmenté en Tunisie en 2017, en particulier à propos des disparités régionales et du développement régional. Ces mouvements se manifestent surtout dans le sud de la Tunisie mais on a aussi vu des mouvements de soutien dans plusieurs gouvernorats dont ceux de Tunis, Sousse ou Sfax. La structure sectorielle des manifestations de protestation collective était concentrée sur les enjeux économiques, sociaux, politiques, administratifs et sécuritaires en mai 2017, mais les questions éducatives et sanitaires ont été importantes à d'autres moments, notamment en janvier 2017. Les mouvements de protestation portent entre autres sur les gouvernorats, les délégations et les instances sécuritaires, les stades sportifs, les ministères et la présidence du gouvernement, les municipalités et l'ARP (FTDES, 2017). La Tunisie a également connue une vague des mouvements de protestation en début de 2018 suite à l'adoption de la loi des finances.

Ces mouvements montrent donc l'existence d'une mobilisation importante des citoyens en Tunisie et une participation qui se déploie dans d'autres lieux et selon d'autres modalités. Cependant, la participation citoyenne encouragée par l'administration publique se concentre, comme partout dans le monde, sur l'invitation à prendre part à des processus de participation institutionnalisés concernant des problématiques définies par les pouvoirs publics. Les citoyens sont rarement encouragés à initier de façon proactive des processus de participation et à définir les problématiques (Schauppenlehner-Kloyber et Penker, 2016). À l'exception de certaines associations, un manque d'initiative des citoyens et des associations a aussi été relevé comme constituant un défi à La Marsa, Sayada et Sfax. Pourtant, plusieurs villes dans le monde telles que Berlin ou Paris offrent des exemples d'actions collectives, d'auto-organisation et de gestion collective des ressources, tels que les jardins participatifs ou les groupes de quartier. Une autre manière d'interaction avec la société civile est incarnée par les conseils citoyens locaux en Amérique latine (Encadré 3.12).

> **Encadré 3.12. Les conseils citoyens locaux en Amérique latine**
>
> Depuis les années 1980, les pouvoirs publics latino-américains ont établi une nouvelle relation avec leurs citoyens et permettent à ces derniers de participer plus activement au processus de décision. Ils y sont parvenus, en partie, grâce à la création de conseils citoyens locaux.
>
> Bien que les conseils locaux aient différentes appellations et formes à l'échelle de l'Amérique latine, ils partagent des caractéristiques communes. De manière générale, ils regroupent des représentants de différents secteurs de la société civile, tels que le monde universitaire, les organisations civiques ou locales et le secteur privé, et ils les associent aux représentants des autorités politiques locales au sein d'un organe unique où, ensemble, ils élaborent des politiques publiques ou des programmes de développement. En outre, ils poursuivent généralement un objectif commun : renforcer la démocratie et améliorer la qualité et la réactivité des politiques publiques au niveau local.
>
> Dans certains cas, la mise en place des conseils locaux est prévue par la Constitution (par exemple Constitution du Pérou, titre IV, chapitre XIV sur la décentralisation) ou une loi nationale (par exemple loi nationale mexicaine sur l'eau, qui prescrit la création de conseils de bassin). Dans d'autres cas, les conseils ont vu le jour à l'initiative des administrations locales et des citoyens (par exemple en Colombie, avec les conseils municipaux des jeunes de Medellin).
>
> En général, les conseils locaux d'Amérique latine sont constitués de représentants élus de divers secteurs sociaux, politiques et parfois économiques, ce qui montre l'importance des capacités et la bonne volonté des acteurs participant aux conseils, et en particulier l'attitude adoptée par les administrations locales à l'égard de la participation des citoyens. Les conseils locaux d'Amérique latine suivent deux grands modèles s'agissant de l'éventail des domaines thématiques dont ils traitent. Selon le premier modèle, les conseils locaux peuvent examiner et déterminer des plans globaux de développement qui recouvrent de nombreuses problématiques sectorielles, à l'instar du Plan de développement concerté du Pérou (*Plan de desarrollo concertado*). Selon le deuxième modèle, les conseils locaux sont créés pour traiter de domaines thématiques spécifiques, tels que la politique sociale, la protection de l'environnement, la gouvernance urbaine ou la prestation des services publics, à l'instar des Conseils locaux de la santé du Paraguay.
>
> Source: OCDE, 2017b.

Ces formes d'actions représentent une opportunité de participation citoyenne au débat sur les enjeux et à la conception du développement des communes (Schauppenlehner- Kloyber et Penker, 2016). Les processus de participation institutionnalisés offrent, en même temps, un moyen pour les mouvements sociaux d'exprimer différemment leurs demandes. Par exemple, à Berlin en Allemagne en 2013, des mouvements sociaux ont utilisé le référendum pour faire connaître leurs demandes sur la remunicipalisation de l'électricité, ou encore en 2014, sur l'utilisation de l'ancien aéroport Tempelhof (Lebuhn, 2015). Les mouvements sociaux ont la capacité de proposer des moyens de participation au-delà des dispositifs constitués par les institutions et de mobiliser les citoyens non organisés (Martínez, 2010), ainsi qu'on l'a aussi vu en Tunisie. Par conséquent, une réflexion sur la manière de mieux intégrer les mouvements sociaux aux efforts des communes de promotion du gouvernement ouvert ne pourrait qu'enrichir et élargir la participation citoyenne (Neveu, 2011). Encadré 3.13 présente d'autres approches qui pourraient aider à élargir la participation.

Encadré 3.13. Mécanisme de participation – extrait du Guide de bonnes pratiques de gouvernance locale

- « Renforcer, là où cela parait nécessaire, les capacités et le sens de l'initiative des citoyens (participation *Bottom-Up* et *Top-Down*). Cet objectif pourrait être réalisé à travers, par exemple, la mise en œuvre de dispositifs d'écoute ayant pour objectif d'instaurer un service appelé proximité-citoyenneté. Nous illustrons ce service par l'exemple des maisons citoyennes situées dans les quartiers des communes françaises. Il s'agit de lieux de rencontre animés par des agents de services de proximité, des conseillers de quartiers et des collectifs d'habitants.

- Activer le rôle des comités consultatifs d'urbanisme et leur donner davantage d'autorité et de prérogatives. Il s'agit de comités composés de citoyens et de représentants d'entreprises choisis par les élus locaux. Ils peuvent être assimilés à une force de proposition, tout autant qu'une force de lobbying.

- Promouvoir le rôle des instances d'arbitrage (coutumières et étatiques) afin de résoudre les conflits fonciers locaux et faciliter l'accès à la terre, surtout dans les régions rurales qui acceptent d'accueillir de nouveaux projets de développement. Ces instances peuvent être assistées par « des groupes stratégiques » constitués par des personnes jouissant d'une reconnaissance sociale et bénéficiant d'un poids politique et d'une influence notable dans le milieu local où se produisent des conflits fonciers ».

Source : IACE, 2015.

Le secteur médiatique au niveau local détermine également les possibilités de mise en place du gouvernement ouvert. Les médias servent souvent de relais entre l'administration publique, le gouvernement et les citoyens en informant sur les politiques publiques et en demandant des comptes à l'administration. Depuis 2011, avec la libéralisation de la presse, le secteur médiatique en Tunisie a connu une importante transformation. Ainsi, la Tunisie a vu l'émergence de nouveaux médias, aux niveaux national et local, dans le secteur de la presse écrite et en ligne, ainsi que dans le secteur audiovisuel. La reconnaissance légale des radios associatives, définies comme des radios « spécialisées, locales, à but non lucratif et au service de l'intérêt général » et la naissance de plusieurs radios de ce type montrent l'importance accordée aux médias locaux dans le débat public et dans la participation citoyenne. Cependant, sur les dix radios associatives reconnues par la Haute autorité indépendante de la communication audiovisuelle (HAICA), trois se trouvent dans la région du Grand Tunis (Radio Campus, Media Libre FM, Radio 6) et aucune à Sfax ou à Sayada. Dans ces régions, les radios locales publiques (Radio Sfax et Radio Monastir) ainsi que les radios privées (dont Jawhara FM à Monastir ou Radio Diwan à Sfax) sont d'importantes sources d'informations locales. Le gouvernorat de Monastir ainsi que la commune utilisent fréquemment Radio Monastir pour débattre et informer des problématiques locales comme la propreté, l'éclairage public, ou encore les transports en commun (GIZ, 2014). Comme indiqué ci-dessus, la radio à Sfax sert aussi à transmettre les avis et réclamations de la population à la municipalité. Une radio est en cours de création à La Marsa[11].

À une période où des radios associatives, y compris des web radios, naissent en Tunisie et où émerge la presse en ligne, les collectivités locales devraient privilégier le dialogue avec ces médias afin de les aider à devenir des acteurs du dialogue entre société et gouvernement. En installant des contacts presse et en facilitant l'accès direct à l'information – sans avoir à passer par le niveau central – les municipalités pourront encourager un journalisme qui traite davantage des enjeux locaux.

Références

(n.a.) (2015), "Rapport Revue Mission d'évaluation de la performance de la gestion des finances locales à la Municipalité de SFAX selon la méthodologie PEFA", http://www.collectiviteslocales.gov.tn/wp-content/uploads/2016/11/TN-Sfax-PEFA.pdf (consulté le 30 Janvier 2018).

Al Bawsala (n.d.), Marsad Baladia, http://baladia.marsad.tn/fr/classement/transparence (consulté le 29 Janvier 2018).

Bennasr, A., Megdiche, T. & Verdeil, E. (2013), "Sfax, Laboratoire du développement urbain durable en Tunisie?", Environnement Urbain/Urban Environment, Vol. 7, pp. 83-98, http://www.vrm.ca/wp-content/uploads/EUE7_Bennasr.pdf (consulté le 29 Janvier 2018).

Businessnews (2015), Monastir : Démission collective de la délégation spéciale de Sayada | Businessnews.com.tn | Journal électronique de Tunisie, http://www.businessnews.com.tn/monastir--demission-collective-de-la-delegation-speciale-de-sayada,520,59829,3 (consulté le 29 Janvier 2018).

Centre d'Information, de Formation, D. (2017), Tableau Général des Associations au 28 Novembre 2017, http://www.ifeda.org.tn/stats/francais.pdf (consulté le 30 Janvier 2018).

City of Dieppe (n.d.), Direction relation aux Citoyens, http://tablet.dieppe.fr/menus/la-mairie-5/services-municipaux-82/la-direction-de-la-democratie-locale-et-de-la-citoyennete-276 (consulté le 30 Janvier 2018).

City of Grenoble (n.d.), Retransmission des conseils municipaux - Grenoble.fr, http://www.grenoble.fr/417-retransmission-des-conseils-municipaux.htm (consulté le 30 Janvier 2018).

CPSCL (2015), Guide sur la consultation publique pour les collectivités locales, http://www.collectiviteslocales.gov.tn/wp-content/uploads/2015/06/GUIDE-de-la-consultation-publique.pdf (consulté le 29 Janvier 2018).

Die Landesregierung Nordrhein-Westfalen (2014), Die Open.NRW-Strategie, https://open.nrw/sites/default/files/atoms/files/opennrwt1web.pdf.

FTDES (2017), Rapport mai 2017 des mouvements sociaux, Rapport de l'Observatoire Social Tunisien Mai 2017, https://ftdes.net/fr/ost-rapport-mai-2017-mouvements-sociaux/ (consulté le 30 Janvier 2018).

GIZ (2014), La démocratie locale et la participation des citoyens à l'action municipale: Tunisie.

Guidara, A. (2015), Le Budget Participatif: Un pas vers la démocratie locale en Tunisie (l'expérience de la commune de Sfax), Leaders, http://www.leaders.com.tn/article/18292-le-budget-participatif-un-pas-vers-la-democratie-locale-en-tunisie-l-experience-de-la-commune-de-sfax (consulté le 29 Janvier 2018).

Hadj, M. (2008), Stratégie de Développement du Grand Sfax 2016,
http://www.medcities.org/documents/21762/49931/8.STRAT%C3%89GIE+DE+D%C3%89V%C3%
89LOPPEMENT+DU+STRATEGIE+DEVELOPEMENT+DURABLE+GRAND+SFAX+2016-
+MR.+MOHAMED+HADJ+TA%C3%8FEB.pdf/91d6e854-bb2f-4ed1-a3e1-1cc3f96807fa
(consulté le 29 Janvier 2018).

IACE (2016), Rapport sur l'Attractivité Régionale 2016,
http://www.iace.tn/wp-content/uploads/2017/01/Rapport-attractivite-regionale-2016-.pdf
(consulté le 29 Janvier 2018).

IACE (2015), Guide de Bonnes Pratiques de Gouvernance Locale,
http://www.iace.tn/wp-content/uploads/2017/02/Guide_gouvernance-locale_version-finale.pdf
(consulté le 29 Janvier 2018).

Jaouahdou, K. (2016), Le Budget Participatif en Tunisie: Développement numérique et perspectives,
Action Associative, http://www.aegid-foundation.org/events/archives/0/interventions/9
(consulté le 30 Janvier 2018).

La Presse.tn (2017), Action municipale: A l'heure du budget participatif,
http://www.lapresse.tn/index.php?option=com_nationals&task=article&id=131922
(consulté le 29 Janvier 2018).

Lebuhn, H. (2015), Urban Social Movements between Protest and Participation,
http://www.rc21.org/en/wp-content/uploads/2014/12/E10.1-Lebuhn.pdf
(consulté le 29 Janvier 2018).

Mairie de Champigny sur Marne (n.d.), Le soutien à la vie associative,
http://www.champigny94.fr/associations/le-soutien-la-vie-associative (consulté le 30 Janvier 2018).

Mairie de Clamart (n.d.), Soutien aux associations,
http://www.clamart.fr/loisirs/vie-associative/soutien-aux-associations (consulté le 30 Janvier 2018).

Mairie de Paris (2018), La Charte parisienne de la participation est adoptée – Paris.fr,
https://www.paris.fr/actualites/consultation-numerique-charte-parisienne-de-la-participation-4580
(consulté le 30 Janvier 2018).

Mairie de Paris (n.d.), Le Conseil Parisien de la Jeunesse,
https://www.paris.fr/participez/proposer-et-debattre/devenir-un-acteur-de-la-participation-3934#le-
conseil-parisien-de-la-jeunesse_5
(consulté le 30 Janvier 2018).

Martínez, M. (2010), "The Citizen Participation of Urban Movements in Spatial Planning: A Comparison
between Vigo and Porto", International Journal of Urban and Regional Research,
http://dx.doi.org/10.1111/j.1468-2427.2010.00956.x.

Ministère des Affaires Locales et de l'Environnement (2017), Portail des Collectivités Locales en
Tunisie, http://www.collectiviteslocales.gov.tn/ (consulté le 29 Janvier 2018).

Ministère du Développement, D. (2015), Développement de l'investissement local et gouvernance
territoriale : Etat des lieux en Tunisie,
http://www.tunisieindustrie.nat.tn/fr/download/news/Jedile/05.pdf (consulté le 29 Janvier 2018).

Neveu, C. (2011), "Démocratie participative et mouvements sociaux : entre domestication et
ensauvagement ?", Participations, Vol. 1/1, p. 186, http://dx.doi.org/10.3917/parti.001.0186.

Nicolás Adán, J.E., Ben Hassen, S. & Doggui, A. (2014), Les cadres formels de concertation : un
instrument efficace pour enraciner la démocratie participative en Tunisie,

http://eeas.europa.eu/archives/delegations/tunisia/documents/cultural_activities/pasc3_cadres_democratie_fr.pdf (consulté le 29 Janvier 2018).

OCDE((n.d.)), Regional Demography, OECD.Stat, http://stats.oecd.org/Index.aspx?DataSetCode=REGION_DEMOGR (consulté le 30 Janvier 2018).

OCDE (2017c), Recommandation du Conseil de l'OCDE sur le Gouvernement Ouvert, http://acts.oecd.org (consulté le 29 janvier 2018).

OCDE (2017b), Recommandation de l'OCDE sur l'intégrité publique, http://www.oecd.org/gov/ethics/Recommandation-integrite-publique.pdf (consulté le 20 Janvier 2018)

OCDE (2016a) Gouvernement ouvert: Contexte mondial et perspectives, Éditions OCDE, Paris, https://dx.doi.org/10.1787/9789264280984-fr

OCDE (2009), Focus on Citizens: Public Engagement for Better Policy and Services, Éditions OCDE, Paris, https://doi.org/10.1787/9789264048874-cn

Robert, D. (2016), "Une société civile tunisienne formatée ?", Nawaat, https://nawaat.org/portail/2016/06/13/une-societe-civile-tunisienne-formatee/ (consulté le 29 Janvier 2018).

Schauppenlehner-Kloyber, E. and M. Penker (2016), "Between Participation and Collective Action—From Occasional Liaisons towards Long-Term Co-Management for Urban Resilience", Sustainability, Vol. 8/7, p. 664, http://dx.doi.org/10.3390/su8070664.

Shah, A. (2007), "Participatory Budgeting", Public Sector Governance and Accountability Series, https://www.unicef.org/spanish/socialpolicy/files/Participatory_Budgetting_Shah07.pdf (consulté le 29 Janvier 2018).

Transparency International Lithuania (n.d.), Savivaldybiu Skaidrumo Vertinimas, http://www.jurgiokepure.lt/2015-2019/vilniaus-miesto (consulté le 30 Janvier 2018).

Turki, S. and Verdeil, E. (2015), "Tunisie: la Constitution (du Printemps) Ouvre le Débat sur la Décentralisation", dans *Local Governments and Public Goods: Assessing Decentralization in the Arab World*, LCPS, https://halshs.archives-ouvertes.fr/halshs-01221381/document (consulté le 29 Janvier 2018).

UCLG, O. (2016), "Tunisia", http://www.oecd.org/regional/regional-policy/profile-tunisia.pdf (consulté le 30 Janvier 2018).

Vie associative- Portail des associations d'Aubervilliers (n.d.), Subvention municipale, http://associations.aubervilliers.fr/le-soutien-aux-associations/subvention-municipale/ (consulté le 30 Janvier 2018).

Notes

[1] www.cgdr.nat.tn/upload/files/13.pdf

[2] La municipalité de Sayada - Décret n° 2011-1208 du 27 août 2011

[3] Décret gouvernemental n° 2017-200 du 8 février 2017

[4] Décret n° 2011-694 du 9 juin 2011

[5] Décret n° 2011-384 du 8 avril 2011

[6] Décret n° 2012-2364 du 11 octobre 2012

[7] Décret gouvernemental n° 2017-434 du 12 avril 2017

[8] Documentation fournie par la commune La Marsa

[9] www.legislation.tn/sites/default/files/files/textes_soumis_avis/texte/code- amenagement.pdf

[10] www.communemarsa.tn/e-reclamation/

[11] www.facebook.com/pg/RadioLaMarsa/videos

Chapitre 4. Conclusion et prochaines étapes

En premier lieu, il faut souligner que les communes tunisiennes connaissent un contexte opportun pour mettre en œuvre de bonnes pratiques en matière de gouvernement ouvert. De fait, elles peuvent s'appuyer sur un nouveau cadre juridique et un engagement des associations et des communes elles-mêmes. En deuxième lieu, le contexte actuel – le cadre juridique et les disparités régionales – ne leur laisse pas d'autre choix que d'expérimenter de nouvelles approches de gouvernance qui mettent les citoyens au cœur du processus et permettent l'élaboration de politiques publiques au plus près de leurs besoins.

Afin d'installer le gouvernement ouvert au niveau local, le gouvernement national est appelé à mettre en place les conditions appropriées, à savoir un cadre légal et institutionnel fixe et des ressources humaines et financières adaptées. Le gouvernement national pourrait également soutenir le développement de pratiques du gouvernement ouvert au niveau local en s'inspirant de ses expériences dans le domaine et en proposant des guides, des formations, ainsi qu'un soutien technique. Une coordination étroite avec des organisations représentant les communes reste cependant incontournable pour prendre en compte leurs besoins et spécificités et pour alimenter les synergies des efforts aux niveaux national et local.

Les communes, quant à elles, pourraient tirer les leçons de leurs expériences actuelles et, en se basant sur le nouveau cadre juridique, développer des visions et stratégies en matière de gouvernement ouvert comprenant une feuille de route, des activités prioritaires et des indicateurs de performance. Ces stratégies permettront de se mettre d'accord avec les citoyens et la société civile et de définir une vision qui va au-delà des mandats électoraux.

Encadré 4.1. Résumé des recommandations

- La mise en place et la concrétisation de la décentralisation restent les éléments- clés pour le gouvernement ouvert au niveau local. La mise en œuvre du Code des collectivités locales et des lois d'accompagnement permettrait de définir d'une façon plus claire le modèle de décentralisation choisi et les compétences attribuées au niveau infranational. Une légitimité accrue en termes de compétences et de ressources permettrait aux administrations locales de développer des approches à long terme en mesure de regagner la confiance des citoyens. Ceci nécessite une coordination interministérielle entre le ministère des Affaires locales et de l'Environnement, le ministère des Finances et la Présidence du Gouvernement, notamment l'unité responsable du gouvernement ouvert, afin d'assurer une harmonisation entre les politiques publiques du développement local et de la décentralisation, les ressources humaines et les finances. Ces ministères pourraient élaborer des propositions sur l'organisation institutionnelle nécessaire afin de créer un cadre institutionnel adapté au niveau local dans lequel les différentes sections et leurs responsables (accès à l'information, plaintes, bureau des relations avec les citoyens) travaillent en coopération et échangent des informations. Des

---

propositions pour l'organisation du cadre institutionnel concernant les tâches liées au gouvernement ouvert permettraient d'assurer une cohérence. Ces structures devraient néanmoins être adaptées aux communes en fonction de leurs taille et contexte.

- Dans le but de mieux cibler le programme national tunisien en matière de gouvernement ouvert et d'en faire un moteur du développement pour le pays, il serait envisageable de concevoir des structures d'implication des administrations locales dans les projets nationaux, telles que le Comité de pilotage pour le gouvernement ouvert, les initiatives pour les données ouvertes, etc.

- Dans la même perspective, afin de renforcer et d'améliorer les programmes nationaux, tel que le PDUGL, qui envisagent d'instaurer le gouvernement ouvert au niveau local, il s'avèrerait très utile d'impliquer davantage les administrations locales et de s'inspirer des processus et mécanismes développés au niveau local. Une meilleure implication des administrations locales, notamment par le biais des institutions représentatives (le futur Conseil supérieur des collectivités locales ainsi que la Fédération nationale des villes tunisiennes), permettrait de mieux cibler les programmes inspirés des besoins et réalités locaux et encouragerait l'adhésion politique des acteurs locaux.

- Compte tenu de la situation actuelle et du gel des embauches, le gouvernement national, en coopération avec la société civile et des organisations représentatives des communes, pourrait proposer des formations en matière de gouvernance ouverte et d'accès à l'information afin de soutenir les municipalités dans la réalisation de leurs missions. Cette démarche nécessite l'implication de différents acteurs tels que l'École nationale de l'administration ou l'Académie internationale de la bonne gouvernance.

Recommandations pour les communes

- Les municipalités pourraient élaborer leur propre stratégie en matière de gouvernement ouvert au niveau local. Les maires et les élus, en concertation avec les citoyens, pourraient aboutir à un consensus sur les grandes priorités en matière de transparence, de participation des parties prenantes, d'intégrité et de reddition des comptes en s'inspirant des nouvelles prérogatives du Code des collectivités locales. Cette stratégie inclurait la vision, les objectifs, les activités à entreprendre ainsi qu'un calendrier et des indicateurs d'évaluation d'impact. Une stratégie en matière de gouvernement ouvert permettrait d'avoir au-delà des élections une approche à long terme, d'assurer une cohérence entre toutes les activités, ainsi que de regrouper toutes les parties prenantes autour d'une même vision. Elle permettrait également de mieux harmoniser les activités avec les ressources humaines et financières disponibles et d'élaborer une feuille de route pour le développement de ces ressources. Les stratégies pourraient être élaborées par chaque commune, et un échange entre elles pourrait leur servir à harmoniser ces stratégies, à apprendre l'une de l'autre et à avoir une approche commune vis-à-vis du gouvernement central.

- Dans la même perspective, dans un esprit d'écoute et de réponse aux attentes et besoins des citoyens, les municipalités pourraient envisager de s'engager dans un dialogue avec la société civile afin d'établir une charte/vision commune, notamment fondée sur la charte adoptée pour le budget participatif. Elles pourraient établir une feuille de route pour la mise en œuvre des prérogatives sur le gouvernement ouvert incluses dans le Code des collectivités locales. Elles pourraient également envisager d'autres initiatives dans le domaine de la participation citoyenne allant au-delà du budget participatif.

- Il serait utile de tirer les leçons et les bonnes pratiques des pratiques existantes, afin que ces expériences, ainsi que la confiance établie à travers le budget participatif et le partenariat à Sayada, puissent constituer une base pour l'instauration de mécanismes structurés de consultation publique et de dialogue avec toutes les parties prenantes concernant les grands projets municipaux et les plans d'aménagement urbain. Une participation plus structurée gagnerait encore en importance avec l'adoption du Code des collectivités locales et le transfert de nouvelles compétences aux communes.

- Les municipalités sont appelées à concevoir des approches de la gouvernance ouverte qui nécessitent peu de ressources humaines et financières. Des partenariats avec la société civile, les universités ou le secteur privé – tel qu'il en existe à Sayada pour la gestion du site web – pourraient être envisagés. Ces partenariats pourraient également servir à mieux cibler les initiatives de gouvernement ouvert, en identifiant conjointement les informations et données les plus importantes et les plus demandées, dans le but de gérer une publication de manière proactive ou dans celui de diffuser une culture de la transparence. Des séminaires, des formations, mais également l'utilisation des technologies de l'information et de la communication, pourraient faciliter la compréhension des droits et obligations liés à l'accès à l'information.

- Suite aux élections de mai 2018, la formation et la capacitation des nouveaux élus sont essentiels afin de promouvoir une culture de la démocratie locale ; le renforcement des capacités des fonctionnaires afin qu'ils puissent développer les politiques en la matière est de même important.

- Les conseils municipaux et leurs commissions ont gagné davantage en légitimité depuis les élections municipales et sont par conséquent des lieux importants de décisions municipales. Les municipalités pourraient alors renforcer leurs efforts d'utilisation des technologies de l'information et de la communication – en particulier des réseaux sociaux numériques – afin d'encourager une participation accrue, surtout dans les réunions des conseils municipaux.

- Dans le but d'instaurer la confiance des citoyens et de la société civile, il serait également utile d'augmenter la transparence entourant l'action municipale, en particulier en ce qui concerne les délais de mise en œuvre des projets. Cette approche requiert un suivi et une évaluation systématiques de la mise en œuvre des projets.

- À une période où des radios associatives naissent en Tunisie, y compris des web radios, et où la presse en ligne émerge, les collectivités locales devraient privilégier le dialogue avec ces médias afin de les inciter à devenir des acteurs du dialogue entre société et gouvernement. En créant des contacts presse et en facilitant l'accès direct à l'information – sans passer par le niveau central – les municipalités pourraient encourager un journalisme qui traite davantage des enjeux locaux.

- La promotion de l'échange d'expériences et la coopération inter municipale en matière de gouvernement ouvert au niveau local, notamment à travers la FNVT, l'organisation de journées annuelles et de grands débats autour du gouvernement ouvert au niveau local, permettraient de mieux élaborer les stratégies et initiatives en la matière.

- Assurer de manière continue le suivi et l'évaluation des stratégies et initiatives en matière de gouvernement ouvert au niveau local permettrait de les adapter et de renforcer leur impact.

Recommandations pour la société civile, les citoyens et les médias

- Les acteurs de la société civile et les médias pourraient, quant à eux, renforcer la confiance et le dialogue en démontrant davantage de transparence en adoptant les meilleurs pratiques de gouvernance interne, intégrité et transparence dans la gestion de leurs activités

- Ils pourraient également se portant volontaires pour devenir forces de proposition des politiques publiques, proposer aux autorités locales des mécanismes de consultation et participation et jouer le rôle de *watchdog*.

- Ils joueraient également un rôle important dans l'éducation civique sur les nouvelles prérogatives du Code des collectivités locales et sur l'accès à l'information.

ORGANISATION DE COOPÉRATION ET DE DÉVELOPPEMENT ÉCONOMIQUES

L'OCDE est un forum unique en son genre où les gouvernements oeuvrent ensemble pour relever les défis économiques, sociaux et environnementaux que pose la mondialisation. L'OCDE est aussi à l'avant-garde des efforts entrepris pour comprendre les évolutions du monde actuel et les préoccupations qu'elles font naître. Elle aide les gouvernements à faire face à des situations nouvelles en examinant des thèmes tels que le gouvernement d'entreprise, l'économie de l'information et les défis posés par le vieillissement de la population. L'Organisation offre aux gouvernements un cadre leur permettant de comparer leurs expériences en matière de politiques, de chercher des réponses à des problèmes communs, d'identifier les bonnes pratiques et de travailler à la coordination des politiques nationales et internationales.

Les pays membres de l'OCDE sont : l'Allemagne, l'Australie, l'Autriche, la Belgique, le Canada, le Chili, la Corée, le Danemark, l'Espagne, l'Estonie, les États-Unis, la Finlande, la France, la Grèce, la Hongrie, l'Irlande, l'Islande, Israël, l'Italie, le Japon, la Lettonie, la Lituanie, le Luxembourg, le Mexique, la Norvège, la Nouvelle-Zélande, les Pays-Bas, la Pologne, le Portugal, la République slovaque, la République tchèque, le Royaume-Uni, la Slovénie, la Suède, la Suisse et la Turquie. La Commission européenne participe aux travaux de l'OCDE.

Les Éditions OCDE assurent une large diffusion aux travaux de l'Organisation. Ces derniers comprennent les résultats de l'activité de collecte de statistiques, les travaux de recherche menés sur des questions économiques, sociales et environnementales, ainsi que les conventions, les principes directeurs et les modèles développés par les pays membres.

ÉDITIONS OCDE, 2, rue André-Pascal, 75775 PARIS CEDEX 16

(42 2018 59 2 P) ISBN 978-92-64-31089-6 – 2019

Printed by Libri Plureos GmbH in Hamburg, Germany